盛宣怀
与近代中国高等教育

盛承懋　著

WUHAN UNIVERSITY PRESS
武汉大学出版社

图书在版编目(CIP)数据

盛宣怀与近代中国高等教育/盛承懋著. —武汉:武汉大学出版社, 2021.8

ISBN 978-7-307-22484-1

Ⅰ.盛…　Ⅱ.盛…　Ⅲ.①盛宣怀(1844-1916)—生平事迹　②高等教育—教育史—研究—中国—近代　Ⅳ.①K825.3　②G649.29

中国版本图书馆 CIP 数据核字(2021)第 147621 号

责任编辑:聂勇军　　　责任校对:汪欣怡　　　版式设计:马　佳

出版发行: **武汉大学出版社**　(430072　武昌　珞珈山)
(电子邮箱: cbs22@ whu.edu.cn　网址: www.wdp. com.cn)
印刷: 湖北金海印务有限公司
开本:720×1000　1/16　印张:13.75　字数:196 千字　插页:3
版次:2021 年 8 月第 1 版　2021 年 8 月第 1 次印刷
ISBN 978-7-307-22484-1　定价:48.00 元

1986年，参加上海交通大学90周年校庆，与母亲（左二）、大哥（左一）、弟弟（右一）在盛宣怀铜像前合影

2018年9月，天津大学党委书记李家俊（左一）会见作者与夫人陈秀

2016年4月，参加西安交通大学盛宣怀铜像揭幕仪式

2016年4月，向西安交通大学校长王树国赠送盛氏宗谱

2016年4月，与唐文治老校长之孙唐孝宽（左一）、彭康校长之子彭城（右一）和钱学森先生之子钱永刚（左二）齐聚西安交通大学120周年校庆庆典现场

衷心感谢苏州科技大学校友、
江苏吴都建设工程有限公司创办人王磊先生对本书
出版的慷慨资助!

前　言

盛宣怀是中国近代著名的实业家，靠创办近代实业起家，并且很长时间内掌控着晚清时期的许多重要实业，如轮船招商局、中国电报局、华盛纺织总厂、中国通商银行、中国铁路总公司、汉冶萍煤铁厂矿有限公司……这些开创性的经济实体的创办和发展，奠定了中国近代工业的基础，使他成为中国商界的代表性人物。这些企业的生命延续了一百多年，至今仍在发生着影响。盛宣怀不仅是一位实业家，在探索经济实体的创办和发展过程中，他深感发展教育(特别是高等教育)、培养人才的重要性，又先后创办了北洋大学堂(即现在的天津大学)与南洋公学(即现在的上海交通大学、西安交通大学等)，为发展我国高等教育事业奠定了基础。盛宣怀在中国近代实业发展史与中国高等教育发展史中的作用和地位，已被历史所公认。

中国的老百姓历来十分重视教育，特别是对青少年的教育，认为这对人的一生往往起着决定性的作用。出生于清朝道光后期的盛宣怀，也与大多数人一样，从小就被送入私塾读书，长辈期望他走科举成才之路。

然而，从青少年开始，盛宣怀便生活在不安定的社会环境中，外患入侵、朝廷腐败、社会动荡……面对当时被奉若神明的“科举”，他前后三次参加考试，都以“报罢”而告终。于是，人们经常会好奇，一个秀才出身的盛宣怀，为何能成为中国近代一位著名的实业家，并被誉为“中国的实业之父”；更让许多人难以相信的是，就是这个秀才出身、一生从事实业的盛宣怀，竟然是中国最早、最著名的天津大学、交通大学的创始人，被誉为近代中国高等教育的奠基人。

于是人们自然会关心，盛宣怀从小受到了怎样的教育，他的家庭教育、成长环境究竟是怎样的，他是怎样学习知识、怎么打开视野与胸襟、怎么树立志向与抱负的，他是如何从思想上意识到要与西方列强争衡、确立民族自尊意识的，他在遇到挫折与迷茫时，又是如何渡过这些难关的；人们自然也会关心，盛宣怀在创办实业时，涉足这么多知识技术领域，他是如何学习与适应这些知识技术的，他又是如何知人善任、依靠有才学的人来组织与管理这些实业的，盛宣怀办教育与办实业有什么因果关系，办实业对他办教育有哪些推动作用，为什么他在甲午战争失败后首先考虑的是要办教育。

人们更会关心盛宣怀为什么、在什么样的情况下创办了北洋大学堂，如何确定办学本旨、设置学校的课程，如何筹集资金、克服各种办学困难；在创办了北洋大学堂之后，他为什么又积极筹建南洋公学，为什么将南洋公学办成最早师范性质的学校，为什么南洋公学先后要筹建达成馆、译书院、商务学堂等机构，他在不再担任学校督办的情况下，又是如何支持学校办学的；北洋大学堂、南洋公学创办后，是否为盛宣怀所经办的铁路、铁厂、银行输送了人才，他是如何解决实业急需的人才的；盛宣怀为有利于教育的发展，又涉足与经办了哪些与教育相关的事业；盛宣怀作为近代高等教育的创始人，在办学过程中，结识了哪些教育达人，聘用过哪些教育专家，得到过哪些知名人士的帮助。

本书通过对盛宣怀各个历史时期的发掘与整理，客观、系统地阐述了人们所关注的这些问题，这对于今天关心教育、关心人才培养，以及关注如何学习、如何成长的人来说，都有借鉴与启迪意义。

一百二十多年前，盛宣怀所创办的北洋大学堂、南洋公学，素以“实事求是”的校训、“严谨治学”的校风和“爱国奉献”的传统享誉海内外。1951 年经国家院系调整，当年北洋大学堂、南洋公学分别定名为天津大学与上海交通大学，之后因事业发展的需要，上海交通大学又一分为二、一分为多。1959 年，天津大学、上海交通大学、西安交通大学成为中央首批确定的 16 所国家重点大学。改革开放后，它们均成为国家“211 工程”“985 工程”首批重点建设的大学。如今，天津大学、上海交通大学、西安交通大学又被教育部确定为“双一流”建设高校，并且迈入了中国创新、创业的第一方阵。

百多年来，天津大学、上海交通大学、西安交通大学为国家培养了大批贤才俊彦、社会栋梁，人们不会忘记盛宣怀当年心系国家、勇于担当的情怀和气魄！

本书在编写与出版过程中得到许多朋友、学者、学生与亲属的关心和鼓励，我的长兄盛承志对全书进行了仔细的审阅、悉心的指点，我的学生江能前先生为本书的顺利出版尽心尽力。特别是，本书的出版得到了苏州科技大学校友、江苏吴都建设工程有限公司创办人王磊先生的慷慨资助，在此一并表示深深的谢意！

盛承懋

2021 年 5 月 10 日

目　录

第一章　青少年时期受到的教育和影响

一、“经世致用，业精于勤”的家风

盛宣怀，1844年11月4日(道光二十四年九月二十四日)生于常州武进祖居。

清代常州教育发达、文魁闪耀、科第蝉联、人才辈出。当地百姓都很重视对子孙的教育。清代义学是一种较普遍的教育形式，常州府各县及城乡均设有义学，数量众多，学田数额也很大，充分保障了教学经费及义学的正常运转。如龙溪盛氏规定：“凡大小试年分院内每年举会文课，先期邀订，辰集酉散，掌庄出题，备中饭四簋，早晚点各一次，穷日之力课以一文一诗，不准给烛，次日将课卷送耆宿评定甲乙，优者酌与花红。”①

盛宣怀家族从盛宣怀的“六世祖父”盛时贤开始，经济上有了初步的实力。由于盛时贤善于经商，生活相对宽裕，在经商之余他喜欢读书，并乐善好施，他在担任其支的族长时，组织和号召族人草修了盛氏宗谱，激励子孙要发奋读书，获得科举功名。

盛时贤只有一个儿子叫盛云瑞，盛云瑞长大后不得不继承父亲的职

---

① 常州市地方志办公室：《常州史稿》古代卷，凤凰出版社2018年版，第385页。

业。但他内心却“酷嗜诗书”，实乃“贾而好儒”之商人。盛云瑞有两个儿子，他安排长子盛洪仁继承家业，次子盛林(即盛宣怀的曾祖父)专事读书。不幸盛云瑞过早去世，盛林再也无法专事读书，只得在家帮助哥哥盛洪仁经营家业。

盛洪仁在家族兴旺过程中起了关键的作用。1772 年盛云瑞去世时，盛洪仁 25 岁，盛林只有 14 岁，底下还有几个幼妹。盛洪仁通过经营典当、钱庄积聚了一些钱财。盛洪仁无子，他倾全力“抚幼弟弱妹以至成人，各以时婚嫁”，还大力帮助同族贫穷的乡亲。不仅如此，他还在地方上修祠堂、置祠业、办赈捐。盛洪仁对幼弟盛林十分关爱，始终未析家产而居于一起，为后世重视家族之间的关系树立了榜样。1797 年，盛洪仁 50 岁的时候，患病中风，家事归盛林主持，盛林承续盛洪仁的做法，“凡郡中敬节存仁、育婴赈济等事，为之悉尽力。里党有急告必曲应，常援人于危难中”。时人对盛林的评价很高：“素慷爽有肝胆，善排难解纷，无弃言，无责诺，闻及不平事辄发愤，故自宗族交游、乡党间有难事质之，经剖析皆悦服无后言，以是直声著乡里。”盛洪仁、盛林兄弟齐心协力，成为盛氏家族发达之根基。①

通过盛时贤、盛云瑞、盛洪仁几代的努力，盛氏形成了“经世致用，业精于勤”家风的雏形。

盛宣怀的祖父盛隆生于乾隆丙午年(1786 年)正月初四，字树堂，号惺予、另号龙溪主人，晚号拙园叟。盛隆是盛林的长子，并成为盛洪仁的嗣子，盛洪仁在盛隆幼年时就开始为他聘名师教读。盛林经常教育儿辈：“吾祖父最好读书。吾以从事家计不获发名于时。吾常以为恨，后之子孙能以吾祖父之志为志，吾不能亲见其事亦可以无憾矣。”②盛隆在盛洪仁、盛林的教诲下，刻苦努力，于 1806 年考取生员，四年之后，家庭为他按例“报捐贡监”，应试“北闱”，嘉庆庚午年(1810 年)他应顺

---

① 以上参见易惠莉：《盛宣怀评传》上卷，江苏人民出版社 2012 年版，第 11~12 页。

② 参见盛隆等：《逸帆公行状》，《龙溪盛氏宗谱》十九卷。

天乡试考中举人。道光甲申年(1824 年)选授浙江安吉县知县，历任安吉、太平、长兴、临海、德清、孝丰、归安、山阴诸县知县及海宁州知州，道光年间三次任浙江乡试同考官。

盛隆在浙江任职 30 年，勤政爱民，政绩显著，深得民心。如捐三千金修复古桃书院，捐五千金筑乌龙坝，使数千顷民田免遭水患。大灾之年，他倡捐千石，并开仓赈粜。盛隆尤重洁己爱民，善听断狱案由，所至有政声。盛隆曾在县府大堂悬联曰：“不循情、不爱钱、一副冷面皮，但知执法；勿矜才、勿使气、满腔热心血，总期无刑。”表达了他为官勤勉、清廉、爱民的宗旨与原则。盛隆入仕之时，正值经世致用之思潮于江南初兴，盛隆受此影响，自然闻风而动。对盛隆之为学，后人有“研心经史、作文，务求根柢为有体有用之学”的评价。盛隆晚岁归居故里，关怀同族及地方公益，犹好学不倦，嘉惠后学，著《人范须知》六卷行世，卒于同治六年(1867 年)，享年 82 岁。①

盛隆有四个儿子，盛宣怀的父亲盛康(1814—1902)是他的次子，字勗存，号旭人，别号待云庵主，晚号留园主人。道光二十年(1840 年)中举，道光二十四年进士，初任铜陵令，后任庐州府、宁国府知府，和州直隶州知州，曾在和州治水赈灾。1852 年太平军攻克安庆、江宁，盛康被派去帮办江南大营粮台。退入湖北后，巡抚胡林翼“以全省厘政委之”。他以盛隆为榜样，获得封建社会的最高学历，并先后当上了湖北粮道、武昌盐法道(相当于分管粮食、食盐等物资产供销的副省长)，又候补浙江道，成为朝廷外派地方官员中的实力派。在急剧变化的时代里，盛康反对恪守教条，专注制艺，他有心于“朝章国故，财政兵制”等有利于政务吏务实用的知识，并以倡言经世之学的陈庆镛和魏源为同道，希望用经世致用的实学来治理国家和社会。

盛氏家族到了盛隆、盛康这两代，开始进入常州地方精英之阶层，并形成了“经世致用，业精于勤”的家风。

---

① 参见盛康等：《惺予公行状》，《龙溪盛氏宗谱·附录二》(2011 年修订)。

盛宣怀小时候受祖父母的影响很大。盛隆为人正直、朴素、善良，注重积德。盛隆退休后，像当年嗣父盛洪仁培养自己那样，倾全力培养盛宣怀，经常向他传输盛时贤、盛洪仁、盛林等先祖重视教育、勤奋向上的思想与事迹。盛隆、盛康通过潜移默化的教育，以及行为示范，使“经世致用，业精于勤”这一家风，逐渐在盛宣怀的心中扎下了根。

二、从小接受“积德行善”的教育

1844 年春天，祖父盛隆“在安吉官廨，梦旧宅老杏一株，花发如锦，闻(儿媳)方娠，心以为祥”，而那年父亲盛康“又适捷春闱”，参加春季科举考试，中了进士，11 月，盛宣怀出生，家中大喜，盛隆就给他取名为“杏荪”,① 对他充满着期望。

祖父盛隆经常教诲子孙要多做善事，他辞官回家后，将修宗谱建祠宇、创义田敬宗收族作为乐事，晚年尤好学不倦，潜心编纂《人范须知》一书，其中卷五有《施济》《救荒》两节，书中收录了大量前人的格言和事迹，既是教育子女，也是规劝世人。在《龙溪盛氏家谱》中他这样教育族人：“作好人，眼前觉得不便宜，总算来是大便宜；作不好人，眼前觉得便宜，总算来是大不便宜”，“积善之事无尽，随时随事随心而行之”。②

盛康继承了盛隆“积德行善”的作风，1867 年在常州，除了经营典当、钱庄外，他还遵循盛隆的心愿，设义庄、办义学，为乡族中的穷苦民众做善事。

1871 年直隶畿辅大水成灾，盛宣怀奉李鸿章之命前去赈灾，盛康得知灾情后，立即慷慨解囊，带头捐赠了两万件棉衣，帮助灾民过冬。他还协助盛宣怀在家乡动员亲戚、朋友、乡绅捐钱捐粮捐物，并让盛宣

---

① 参见盛同颐等：《杏荪公行述》，《龙溪盛氏宗谱·附录二》(2011 年修订)。

② 参见盛同颐等：《杏荪公行述》，《龙溪盛氏宗谱·附录二》(2011 年修订)。

怀到淮南(盛康曾在安徽庐州做官)、苏南、上海等地去募捐，盛宣怀仗着盛康以前老同年、老同事的面子，走乡串巷，很快就为直隶募集到了三十万两白银，五十万石粮食。

1879 年，盛康与刘云樵、姚彦森、恽光业、庄俊甫、董云阶等人共同出资白银 2.5 万两，在常州创办慈善医疗机构“长年医局”，向民众施诊送药。

1892 年，盛康在苏州留园建立义庄，命名为“龙溪盛氏义庄”，祠堂为义庄的一个重要组成部分，坐落在留园大门西侧。留园义庄注重保障族中贫困、老残人员的生活，并立有“赈贫”“优老”“恤茕”“助婚”“劝学”等规条。义庄在为宗族提供物质生活保障的同时，非常注重道德教化，也就是把提供物质生活保障与要求遵守传统伦理道德紧密结合起来。这种注重道德教化的倾向，实际上是受古代“范氏义庄”的教化引领，即对被救助的族人有道德要求。

盛康在留园旁边还设置了“家善堂”，救济苏州遭受苦难的贫苦民众(非针对族人的)，《家善堂章程》共有十条，内容包括“拯难、救急、解衣、推食、恤嫠、悯孤、施医、送药、惜字、放生”，以上种种为盛宣怀作了榜样。

盛宣怀在年少的时候，尊敬长辈、孝敬父母，祖父、父亲的言行身教，使得他从小对穷苦人就很有同情心，逐步养成了助人为乐的品行。

淳朴的常州民风，对盛宣怀也起着潜移默化的影响。常州当地十分重视文明道德的传承，为传扬家乡先贤的道德风范，常州的藏书家刊刻了《常州先哲遗书》，“萃前辈之精神，为后人之模范”，对后人进行各种教诲。平时，乡里乡亲和睦相处，互相关心照顾，逢年过节时，总有人会送些糕团点心、零钱之类的给穷苦的乡邻。盛宣怀看在眼里，记在心里。有一年，临近年三十，住在老家附近的一户穷人家揭不开锅，没钱过年，在家中哭哭啼啼，盛宣怀得知后，就拿了家里的钱和米送过去，并安慰他们，解了他们的燃眉之急。

佛家教育人们要行善积福，行义积德，为社会多做点好事，给自己及子孙多积点福、留点好名声，这成为盛隆、盛康等长辈做人、行事的规范，也成了他们教育盛宣怀及其他子孙的金科玉律，从小盛宣怀就在以“行善积福，行义积德”为家风的家庭环境中长大。

在佛家思想的熏陶下，盛宣怀秉性仁恕，处事接物宽和容忍。与人交流融洽，无不尽之意，即意所不可，亦未尝以词色加人。他对自己的评价是：“吾平生有法言而无恶声，有微愠而无暴怒。”晚年他在总结自己的人生、教育子孙时说：“恩不可忘，怨则不可不忘。佛法戒嗔，吾尤致意，彼下石倒戈之徒，吾惟以大度置之，静俟公论之评判而已。”①

盛宣怀将佛家“慈悲为怀”的思想铭记在心，对“行善”有他的追求和认识，晚年他有一个名号叫“止叟”，他解释这个名号的由来：此乃从《礼记·大学》中“止于至善”这句话引申来的，意思是把行善作为他的归宿，至死也要做善事，追求人生的完美。

“积德行善”成为盛宣怀青少年时期从父辈那里受到的最好的教育，任何一个想为百姓、为社会做出贡献的人，如果没有“积德行善”这一基本的品行，是不可能真正成功的。

三、入塾读书，增长知识

由于父亲盛康长年在外做官，年少的盛宣怀更多是随母亲、祖父母生活。1849年(道光二十九年)，63岁的祖父盛隆因病从浙江辞官回到常州，见到自己5岁的孙子盛宣怀已长得“端凝郎秀，举止如成人”，心中十分喜悦，他对亲朋好友连连称赞自己的孙子：“是儿必为伟器！”

于是在祖父盛隆的安排下，盛宣怀很快就入私塾读书。除攻读孔孟经书外，还学习了不少常州先哲遗书等，祖父编纂的《人范须知》一书，也成为盛宣怀的必读本。盛宣怀对学习充满着兴趣，习字与作文是每天

① 参见盛同颐等：《杏荪公行述》，《龙溪盛氏宗谱·附录五》(2011年修订)。

的必修课，由于用心与认真，他写得一手好字与好文章。他写的文章既没有空谈、八股的气息，也不是鸟语花香、酒色财气之作，立意往往要高出同龄少年一大截。由于文字功底扎实，再加上他养成了写文章之前，先反复思考，主题明确、纲目清晰、打好腹稿之后，再动笔去写的习惯，成就了他日后草拟文稿，“万言立就”的好本事。

祖父虽在家养病，但仍每日潜心读书，笔耕不辍，这为盛宣怀树立了勤勉好学的榜样，使盛宣怀从小就养成了读书的习惯。盛氏家谱关于读书的家训说：“天下事利害常相伴，惟读书则有利而无害，不问贵贱老幼贫富，读一卷便有一卷之益，读一日便受一日之益，读书变化气质，即资性愚钝，多识几字，习他业亦觉高人一等，非止拾青紫，取荣名已也。”由于家中可读的书籍比一般的家庭多，盛宣怀读了不少增长社会与自然知识的书。除了将私塾中遇到的没有搞清的问题，向祖父请教外，自己在读书中发现的各种问题，生活中遇到的各种新鲜事，盛宣怀也喜欢向先生与祖父请教。他从小聪慧好学，言谈举止十分得体，深受长辈及亲朋好友的喜爱，曾被长辈誉为“颖悟洞彻，好深湛之思，质疑问难，塾师或无以对”。① 少年时期的学习，培养了盛宣怀勤学好问，善于独立思考，打破砂锅问到底的学习精神，众人都认为他将来必成大器。

1850 年冬，父亲盛康在安徽和州(即安徽马鞍山市和县)做官，6 岁的盛宣怀跟着祖父母和母亲前往和州。由江苏常州到安徽和州生活，对少年时期的盛宣怀来说，好像又打开了一扇窗户，使他得到了很多人生的启迪，一是初步拓宽了视野，350 多里的路途，路过的江河、农田，丘陵、平川，见到的各式自然风光，旅途中的餐饮、住宿，遇到的各种人际交往，以及安徽和州不同于江苏武进的语言与生活习俗，使得盛宣怀第一次了解到世界之大，事物的错综繁杂。二是能够直接受到父

① 参见盛同颐等：《杏蓀公行述》，《龙溪盛氏宗谱 · 附录五》(2011 年修订)。

亲的教育，这对于一个男孩来说，是起着特殊的榜样与示范作用的。之前对幼小的盛宣怀来说，父亲的形象，更多是来自祖父母的称道、亲戚长辈的夸奖，几乎没有多少直接的感受。来到父亲身边之后，尽管父亲每天仍忙于行政与备战，但重视经世致用、讲究务实的父亲，他的行事与为人，他的一言一行，他的生活作风，对盛宣怀来说，几乎就是言传身教。三是住在级别不算高的父亲官邸内，毕竟与住在自己的家里有天壤之别，少了许多家长里短、柴米油盐的闲话，多了不少衙门事务、战事变化的消息，使幼小的盛宣怀感悟到，做官与当一个普通百姓还是不一样的，两者关心与思考的问题相去甚远，两者身上的责任差别真的很大。当然，父亲仍然安排盛宣怀每日进私塾读书。两年后，太平军逼近安徽，和州告急，盛康有更多的责任要承担，祖父母只好带着盛宣怀返回老家。

伯父盛应是道光癸卯年的举人，历任同知、归安知县、知府衔浙江监试，咸丰十年(1860 年)太平军攻杭州城时阵亡。1856 年盛应出任浙江归安县令(现归湖州市管辖)，之前归安县有一个民间传说：“张天师不入归安县”，当地人讽刺官员：“世人不办人事，连妖怪都看不下去了。”但是盛应在归安任职期间勤勉、清廉，其“夫人曹氏随夫居杭城，朴俭持家”，有口皆碑。那年盛应接盛宣怀的祖父母前去暂住，盛宣怀也被带去了。但不到一年，浙西又告急，太平军已攻入浙江，他们又只好再返回故里。

在归安生活以及之后的那一段时间里，盛宣怀更多地接触到太平军起义，及官军追杀太平军的信息，少年时代的盛宣怀对社会的动荡、百姓生活的困顿，已有了切身的感受。尽管他每天仍在读书，但思考的问题，常常不限于书本了，更多是在现实的生活里。

四、青少年时期经历的“逃难”生活

19 世纪五六十年代，江浙两省是太平军主要活动地区，百姓生活在不安定的环境下，盛康任职的安徽和州，由于离太平军定都的天京（江苏南京）很近，随时有被太平军攻陷的危险，于是盛康率部退到庐州（今安徽合肥地区），可是没过多长时间，庐州也成为军情紧张的地区，随时有可能遭太平军进犯，盛康由于公务在身，加之庐州当地环境也十分险恶，无法顾及远在常州的父母及儿子。

而当时相对稳定的地区是湖北，湖北处于国之正中，武汉又地处长江中段，扼东西南北之咽喉，处于太平军定都天京的上游。湖北既是西方列强一心要侵占的战略要地，也是清政府与太平军的必争之地。清政府在派出曾国藩、李鸿章追剿起义军的同时，下决心要确保湖北的稳固。为此 1855 年 12 月，清政府委派同太平军角逐多年，堪与曾国藩齐名、号称“综核名实，干济冠时”的中兴名臣胡林翼担任湖北巡抚。

1856 年，胡林翼率兵收复武昌。1857 年胡林翼派兵支援庐州，经过几番拼杀，盛康随胡林翼的队伍退入湖北，随后盛康被胡林翼“以全省厘政委之”。

1858 年，胡林翼调度李续宾、杨载福督军围攻九江，占领全城。1859 年，他又会同曾国藩、多隆阿、鲍超等部击败太平军石达开、捻军张洛行、龚瞎子联军，攻克太湖城，收复潜山。

1860 年，太平军二破江南大营后，清政府在整个长江下游地区已失去最后一支主力。在太平军猛烈攻击下，江南豪绅地主纷纷逃避到已经形同孤岛的上海。2 月，太平军攻破杭州城，盛宣怀的伯父盛应战死沙场，这使得全家人充满了恐惧。不久，从镇江南下的太平军又逼近常州，盛宣怀随祖父母逃往江阴长泾镇，然而，很快江阴县城也被太平军攻陷，他们又渡江逃至苏北的盐城。

胡林翼任湖北巡抚后，强调“平吴之策，必先保鄂”；“保鄂必先固汉阳”。他在清剿太平军的同时，放开手脚大抓经济发展与社会稳定，他以身作则，积极任用清廉、能干的下属于重要的岗位上。1860 年，盛康被胡林翼委任为湖北粮道，“粮道”在当时是“保鄂”的一个关键职位，只有粮仓满了，军队打仗才有保障，湖北才能稳固。盛康上任后，合理减轻农民负担，及时足额收缴粮食，工作很快有了起色，受到胡林翼的信任。

战争频仍，盛康不放心远在苏北盐城的父母及儿子，当他得知父母过着四处逃难的生活，就派人辗转东去接自己的家人来湖北团聚。当时盛宣怀 16 岁，他便随祖父母从盐城到达南通，再由南通航海至宁波，“由金、衢间道出江石，寒暑六阅月，崎岖险阻转达鄂”,① 经浙江、江西、安徽，辗转半年抵达湖北。由于旅途十分艰辛，有时可乘上车马、便船，有时不得不靠双腿徒步，祖父母都已是七十五六岁的老人，16 岁的盛宣怀挑起了大梁，一路上肩扛手提、小心侍奉着祖父母，每到一处首先想方设法为祖父母安排好吃住。经过艰辛的旅途，终于到达父亲盛康的任处。

读万卷书不如行万里路。从江苏至湖北，横跨五省，一千几百公里路途的“逃难”生活，打破了盛宣怀平静的诵读孔孟经书的生活，这种颠沛流离的生活环境，使青少年时期的盛宣怀对当时社会的动荡、官吏的腐败、底层百姓生活的艰难，有了真切的了解，也萌发了他身体力行，要为国家、为百姓多做有益之事的想法，并且开始意识到要改变国家落后的面貌，光靠诵读孔孟经书是行不通的；沿途的山川平原、大江大河，各地百姓的生活习俗，使他增长了知识与才干，扩大了视野，同时也锤炼了盛宣怀的意志，每当遇到困难时能冷静处置，勇于担当，养成了他在日后的人生与事业发展中百折不挠的品格。

青少年时代这一段“逃难”经历，可以看成盛宣怀整个实业生涯的一个“前奏”，使盛宣怀终身受益。他看问题，谈理想，已经不局限于一地一方，而是有了更远大的抱负，这促使盛宣怀为了办实业，不惜一生走遍天下。

---

① 参见盛同颐等：《杏荪公行述》，《龙溪盛氏宗谱 · 附录五》(2011 年修订)。

五、胡林翼成为青年盛宣怀的偶像

胡林翼(1812年生，字贶生，号润芝，晚清中兴名臣之一，湘军重要首领，湖南益阳泉交河人)主政湖北的时候，面临的是一个“民物凋敝，官场尽如乞丐”的湖北。如何安抚流民、整顿吏治、振兴经济，成为摆在胡林翼面前最重要的政治任务。吏治方面，他多方求取人才，认为“一正士可抵十万金”，使得“湖北面目一新，人才之盛，冠于全国”；经济方面，他从整顿盐政和漕运着手，减轻了百姓负担，将“糜烂众弃之鄂”变为“富强可宗之鄂”，被百姓称为“胡青天”。

盛康竭力为清军筹集粮食与军费，把全部精力放在公务上。盛康保境安民，筹粮筹饷，劳绩卓著。胡林翼知人善任，保奏朝廷，于1859年(咸丰九年)3月，朝廷任命盛康为湖北粮道。

胡林翼带领盛康等一批官员，积极整顿吏治，增加厘金税收，革除田赋积弊，剿灭盗贼，湖北大治。据《清史稿》记载：“林翼威望日起，官文自知不及，恩假以为重，林翼益推诚相接纳，于是吏治、财政、军事悉听林翼主持，官文画诺而已。不数年，足食、足兵，东南大局，隐然以湖北为之枢。”此后，胡林翼得以援赣、谋皖、图江南，全力支持两江总督曾国藩的战事。

经世致用思想，本就是湖湘文化精髓。胡林翼从20岁开始，已经据此指导实践，在治军、主政中取得骄人成绩。他著有《读史兵略》46卷，奏议、书牍10卷等，辑有《胡文忠公遗集》。盛康也十分注重经世致用之学，他仿照著名思想家魏源所著的《皇朝经世文编》，从吏政、户政、兵政、工政等八方面收录文选120卷，辑有《皇朝经世文续编》一书，希望用经世致用的实学来治理国家，他们两人的治政思想十分接近。

胡林翼常年致力于教育，他晚年主讲于长沙城南书院，又在家乡益阳创办箴言书院。咸丰、同治年间，他从自己的俸禄中购置图书1337种36261卷，其中经书444种7048卷，史书232种16320卷。他把全部藏书都运到了箴言书院，供师生阅读。其中有宋元本古籍数种，乾隆刊本《陕甘通志》一套 33 册。

盛康担任湖北粮道后，进一步得到胡林翼的器重，以布政使衔掌湖北盐法武昌道，兼管全省盐政和武昌首府，武昌首府是湖北省的首道，地位和责任超过粮道。1861 年 9 月，胡林翼不幸去世，由严树森(1814—1876，初名澍森，字渭春，四川新繁人，祖籍陕西渭南，道光时期举人)接任湖北巡抚一职，严不敢有丝毫松懈与怠慢，仍坚持按胡林翼治鄂的宗旨行事，湖北的政治、经济、军事形势进一步好转。盛康在事业上也更上一层楼。

盛宣怀抵达湖北后，亲眼见到父亲在胡林翼的带领下，终日忙于公务，社会风气日新月异。在衙门行事，盛康遵行父亲盛隆“不徇情、不爱钱、一副冷面皮，但知执法；勿矜才、勿使气、满腔热心血，总期无刑”的教诲，受到同僚与下属的尊敬。盛康鼓励盛宣怀学习“经世致用”之学，年轻的盛宣怀对胡林翼的吏治、财政、军事思想与措施十分钦佩，主动要求父亲提供这方面的著述让他学习；他在行动上也处处以胡林翼和父亲为榜样，淮军在前方追剿起义军，急需粮食与各种物资供应，盛宣怀积极参与官府组织的物资筹集与运输活动。湖广总督官文因盛宣怀襄办陕甘后路粮台出力，向朝廷保奏，奉旨以知府尽先补用，盛宣怀初登仕途。①

胡林翼成为青年盛宣怀心中的偶像，湖北的“军务吏治，严明整饬，冠于各行省”，这给予善于“事事研求”的青年盛宣怀多方面的启示，为他日后在湖北、在全国各地开创实业、发展教育，在思想上奠定了基础。正如《杏荪公行述》所述：“盖自胡益阳(即胡林翼)、严新繁(即严树森)相继抚鄂，军务吏治号严整。府君(即盛宣怀)研求濡染，遂慨然以济世自期。”②

---

① 夏东元：《盛宣怀传》，四川人民出版社 1988 年版，第 459 页。

② 参见盛同颐等：《杏荪公行述》，《龙溪盛氏宗谱 · 附录五》(2011 年修订)。

事实上，胡林翼之才，在晚清至民国年间备受推崇。曾国藩曾说："润芝之才胜我十倍。"晚清经学家、文学家王闿运评价："中兴之业，实基自胡。"蔡锷曾编过一册《曾胡治兵语录》，称"曾胡两公，中兴名臣中铮佼者也，其人其事距今仅半个世纪，遗型不远，口碑犹存"。蒋介石则在蔡锷编辑的基础上增补了一个题为《治心》的章节，并评价说："洎乎民国二年失败，吾再将曾国藩与胡林翼诸书集，悉心讨究，不禁而叹胡林翼之才识略见，确高出一世，实不愧为当时之名将。"①

但更为人乐道的应该是毛泽东改字润芝的故事。1945 年重庆谈判时，毛泽东曾与时任《新民报》副刊编辑的作家张恨水谈道："杨怀中先生给了我一部《胡文忠公全集》要我读。我反复阅读后，仰慕清朝的湘抚胡林翼，觉得胡林翼确实值得学习，胡字'润芝'，我就改为'学润'。杨先生对我说：'司马长卿崇拜蔺相如改名相如。你既然尊敬胡润芝，就干脆改成润芝吧。'以后，师长和好友们多叫我'润芝'。"②

六、私拟《川、淮并行之议》，被采纳

盛宣怀与祖父母抵达湖北后不久，盛康就被巡抚胡林翼提升为湖北盐法武昌道。有意思的是从该职位上卸任的顾文彬也是江苏人，之前他们在公事上就有一些交往。

顾文彬(1811—1889 年)，江苏苏州人，1841 年(道光二十一年)进士，授刑部主事。1854 年(咸丰四年)，擢福建司郎中。1856 年(咸丰六年)补湖北汉阳知府，又擢武昌盐法道。1870 年(同治九年)，授浙江宁绍道台。

顾文彬在与盛康交接过程中，向盛康交代了盐政上的主要事项，并勉励自己的后任、同乡干得比自己更好。盛康则意气风发，上任不久就

---

① 夏东元：《盛宣怀传》，四川人民出版社 1988 年版，第 459 页。

② 刘绪义：《历史给谁来酿酒》，当代中国出版社 2007 年版，第 71 页。

全力整顿盐务，督察辖内吏治，很想有一番作为。

但是，很快盛康在盐务上就遇到了一些麻烦。首先是两淮盐商向新任盐道的他禀报：“湖北向由户部指定为淮盐行销引地，自从军兴以来，道路梗阻，淮盐销鄂渐少，川盐乘机越界入鄂销售，夺了淮盐大半销场，现在官军节节胜利，淮盐运输逐渐恢复，请求禁止川盐再入鄂省行销。”由于衙门里有内鬼，两淮盐商禀告的内容很快被透露给了川商，不久，盛康的文案前又摆放上了四川盐商的禀呈，内文道：“四川现有自流井等二十四处州县盛产井盐，川鄂毗邻，川盐销鄂乃势所必然。军兴以来，淮盐中断，若非川盐入鄂，后果岂堪设想。近年四川各井旺产，而销地有限，以致盐场存盐堆积如山，资金积压，势难持久，为免影响盐民生活，恳请大人准将鄂省列为川盐引地。”①双方都要在新任盐道盛康面前，争夺湖北这一“引地”。

在盐务上，通常将货物运销凭证称之为“引”，将销盐者称之为“盐引”，将固定销售的地区称之为“引地”，由主管盐政的衙门定期向销盐者颁发凭证，凭证上注明销售的地区、每次销售的数量、销售的有效期限等事项。川、淮盐商都希望新任盐道尽快给他们颁发新的销盐凭证。

盛康做官十余年，应付上司同僚、处理民间事项，可以说驾轻就熟，然而对接手不久的盐政，却感到有些棘手。按照盛康以往行事的惯例，户部已有规定，湖北自应是淮盐引地，他与师爷进行商议，想驳回川商的禀文，单独给两淮盐商颁发销盐凭证。但是，师爷的一番话，让他感到确实有些行不通。原来川商已在湖北站稳了脚跟，井盐质地虽然不如海盐，但四川至湖北距离近，运输成本低，道路又畅通，不会发生“时有时无”的情况，很受省内盐商的欢迎。如果就此驳回川商的禀文，不仅川商不同意，就是省内经销川盐的商人也不愿意他们撤出。一方愿卖，一方愿买，官府不是一纸行文就能否定得了的。

盛康正举棋不定的时候，武昌周边的州县不时传来川、淮盐商为争

① 盛承懋：《盛宣怀与湖北》，武汉大学出版社 2017 年版，第 47 页。

夺地盘而争吵斗殴消息，甚至发生捣毁盐栈的事端。盐商势大通天，州县的官吏不敢得罪他们，纷纷将肇事的双方推到盐道衙门公断。更有个别财大气粗的川商，花钱收买了抚台衙门的师爷，让他禀报湖北巡抚大人，说是盐商闹事，影响民食，此事已非同小可，新任盐道盛大人应果断处置。抚台大人不明所以，竟发话要盛康好生对待，否则事情闹大了，不好收拾。

盛宣怀由于经常去文案房向几位师爷请教经世致用之学，常能听到衙门内的人员议论的有关军事、政务及社会上各种重大新闻的信息，自然，川、淮盐商之争的情况，也逃不过他的耳朵。他一方面有些替父亲着急，另一方面更加留心盐政，常去文案房翻阅历来档案，并向师爷们讨教，不久，他对如何解决川、淮盐商之争有了自己的见解，并私下草拟了一份《川、淮并行之议》的材料。

盛宣怀通过查阅资料了解到，两淮盐场包括整个江苏及浙江北部沿海，区域广、产量大，所以户部以往规定淮盐行销江苏、安徽、江西、湖北、湖南、河南六省，都是人口稠密的省份。川盐均为井盐，早年盐井较少，产量不多，户部规定行销四川、西藏、贵州、云南、甘肃等省，除四川以外，都是人口稀少之地。近年井盐发展到 24 处州县，产量大增，原有引地消纳不了，自然而然向邻近的湖北、湖南行销。前几年，淮盐因受战事影响，时有时无，不能满足民间需求，川盐弥补淮盐不足，一举两得。因此，盛宣怀认为应将湖北定为淮盐与川盐共同的引地。

因此，他将自己的见解讲给父亲听，并大胆地说："为政者只可因势利导，切不可不顾世事推移历史变化而固执于户部的原规定。"盛康听了儿子一番说辞，虽然觉得有道理，但是，有些担心地告诉他："户部规定乃由朝廷谕旨颁发，彰彰在案，谁人敢违？"

盛宣怀又进一步举出："盐政上两处盐场同在一省行销，事例很多。就按户部规定，河南一省由山东、两淮、长芦三场行销；江苏、安徽由山东、两淮盐场行销；江西、湖南则为广东、两淮共同引地。"意思是说，湖北将川、淮列为共同引地，已不是先例，难度应该不是太大。但父亲盛康告知他，要变更规定，必须户部改变朝廷原来谕旨，这不是件轻而易举的事。

盛宣怀出于对胡林翼的崇拜，他深信将湖北定为淮盐与川盐共同的引地，符合湖北的实际，会得到胡林翼的支持，如果父亲请求抚台出奏，抚台一定会向户部据实禀报，倘若户部不准，将来盐商闹出乱子，责在户部；若是父亲知难不进，不向朝廷提出“川、淮并行之议”，那么将来闹出事来，只能父亲一人受过。

盛康听了儿子一番话，幡然醒悟，随即禀请抚台转奏朝廷，准予将湖北列为淮盐和川盐共同行销的引地。历时半载，朝廷批复照准，川商欢天喜地，淮商亦无多大反对，盛康了却了一件心事。

盛康按照儿子所提的想法，较好地解决了川、淮争引地的矛盾。于是，本来就很注重经世致用的盛康，越加勉励盛宣怀致力于“有用之学”。

七、在湖北视野大开

处于“军务吏治，严明整饬，冠于各行省”的湖北，与当年被太平军攻陷的苏南地区相比，呈现截然不同的景象，盛宣怀对湖北的社会、官场充满着好奇与认同，凭借父亲盛康同官场多方面的关系，他接触了许多人和事，接触了社会上的许多实际问题。

盛宣怀在湖北时，去得最多的地方，一是父亲任盐道衙门的文案房。说是向几位师爷请教学问，实际上，文案房是消息来得最多、最快的地方。前方战事的消息、筹集运输军饷的信息、官府人员往来与变动的情况、朝廷上有什么重大新闻、汉口租界上的洋人又玩出了什么新花样、社会上发生了什么人命关天的事，等等，总之，文案房里的消息来得最快、最早。二是湖北武昌江边的滨江花园。滨江花园处在长江边上，盛宣怀与几个年轻人经常结伴到江边去玩，看到外国轮船肆意停靠在江轮码头上，这些外轮除了揽载客货之外，部分漕粮亦归其运输。少数华商航运公司，为了避免交纳捐税，索性与外人勾结，采取“诡寄经营”的方式，华商轮船也悬挂起洋旗，在长江内河航行。中国历来的木帆船航运业，已处于萎靡不振的状态。三是汉口的闹市区与洋人在汉口的租界。1739年(乾隆四年)，汉口修起了一条石路面，命名为汉正街。1864年(同治三年)，郡守钟谦钧在此主持修建了万安巷等新码头。从此，汉正街商贾云集，交易兴盛，市场繁荣，被誉为“江湖连接，无地不通，一舟出门，万里唯意”，吸引了四方商旅，八方游客，热闹繁华，盛极一时。于是，本省荆州、孝感各县，及外省人口纷纷迁入。汉口租界的洋人也经常到汉正街等闹市区逛街，这些洋人除了给当地百姓带来一些新鲜感之外，他们的生活方式、消费观念、科技意识也潜移默化地影响着年轻人，自然也影响着盛宣怀。

与社会各方的接触和交流，对盛宣怀早期思想的形成产生了很大的影响。经过在湖北这一特殊环境中的锤炼，盛宣怀至少形成了以下一些观念：第一，军务吏治，必须严明整饬。朝廷大臣及各级官员应该像湖北巡抚胡林翼那样，将国家强盛、百姓安居乐业作为自己的首要职责。第二，应建立一支训练有素装备精良的军队，这支军队必须纪律严明，忠于国家和人民，这无论对于抵抗外国势力侵入或维持社会稳定都是十分重要的。第三，军队必须有取之不尽的饷源，才能有精良的装备，才能保障士气。为此，必须采用开源节流等理财方法加以解决。第四，政府应创造条件让百姓休养生息，给人民以生活出路。为此他初步意识到，欲使国家富强、社会有所进步、人民生活有所提高，应尽早兴办以西方先进科学技术为主要内容的实业。面对长江航道上日渐趋多的外国轮船，他开始关注中国自己何时能创办轮船航运业。

盛宣怀虽按照祖父及父亲的教诲认真读书，准备科举应考，但他对那些应付考试的书卷不太感兴趣，而对胡林翼、盛康所提倡的经世致用之学，却手不释卷。同时，他十分关注新生事物，常跑出去实地探访，乐此不疲。

此时祖父母都已是近八十岁的人了，急着要抱重孙子，催促盛康与夫人尽早替盛宣怀张罗婚事。于是通过媒人，与汉阳知府的女儿董氏家说亲。董氏家族在晚清时代也是常州的大族，其父董似谷，字蓉初，做过江西粮道，后改任湖北汉阳知府，盛家与董家称得上门当户对，双方的儿女从小都在常州长大，生活习惯一样，而且此时又都在湖北。经过几番往来，盛宣怀与董婉贞于 1862 年秋冬之际完婚。董氏也在湖北与盛家合族生活。

董夫人生于大户人家，是典型的大家闺秀，知书达理，结婚后的最初几年，虽然战乱频仍，生活动荡，但夫妻之间你恩我爱，感情甚笃。1863 年 12 月，长子盛昌颐在湖北出生。

1864 年(同治三年)，太平天国失败。第二年，盛康安排盛宣怀先回常州老家，抓紧读书，一旦乡试恢复，即去应考。那年，盛康又在苏州置办了部分房产，打算退休之后在苏州定居。于是就又让盛宣怀到苏州，一边读书，一边负责房屋修缮之事。

八、在广济武穴，萌发了开矿的意愿

1864 年前后，那还是在湖北盛康的任处，有一次，盛宣怀在父亲衙门的文案房里看到一份文件，文件内容讲的是湖北广济县(现武穴市)向朝廷禀报禁止开挖广济煤山的缘由与具体做法。

盛宣怀由此第一次注意到湖北各地蕴藏着丰富的煤矿与铁矿，并且由此联想到一系列问题。首先，以自己的家乡江苏武进与湖北相比，家乡武进到处是水田与河塘，虽然好的年份，庄稼收成不错，但是一碰到灾荒与战乱，地里的收获就变得很有限了；而湖北有不少煤山、铁山，那里可藏着现成的宝贝，一旦把煤和铁开采出来，无论对国家或对百姓都是有用之物。其次，他不明白为什么广济县的官府要禁止开挖武穴煤山，他在长江边上看到，外国的轮船上装了许多洋煤到武汉来，卖给中国的老百姓，而洋煤的价格贵得要命，他想如果将武穴的煤挖出来，运到武汉去卖给当地人，运输成本低，价格一定会比洋煤便宜得多。此外，他想到武汉街头没事干的乡民多得很，这些人每天在街上逛，找不到事做，生活穷困潦倒。如果将这些乡民组织起来到武穴采煤，不就为他们及家人解决生活困难创造条件吗。为此，盛宣怀将自己就广济县向朝廷禀报文件中的一些不同意见，向文案房的几位师爷表白了一番。当然，他知道自己见解有限，只能说说而已。

1867年，盛宣怀已经返回了江苏。但是，也许是当年他在文案房向几位师爷说的一番话，传到了湖广总督官文的耳里。加之，先前因他襄办陕甘后路粮台出力，奉旨以知府尽先补用，所以经官文保奏，盛宣怀立即从江苏赶回湖北广济考察那里的煤矿。

那年，盛宣怀23岁，他正一边准备科举考试，一边在苏州照看房屋修缮之事，生活相对安定。湖广总督让他到广济考察，表明朝廷很看重他，是一次难得的机会。但是，赴广济并不是去游山玩水，那里也没有什么名胜古迹，而是去考察煤山，不仅旅途辛苦，而且要翻山越岭，是一件苦差事，也不是要给他安排什么工作，解决什么就业问题，对于很多年轻人来说，对于这种出力不讨好的差使，可能会放弃，但是盛宣怀深知煤矿开采对国家富强的重要性，遂决定亲自去那里考察一下，于是毅然从江苏折返来到湖北广济。

通过认真的考察，盛宣怀对广济煤山的蕴藏，有了更深入的了解，进一步“乃知其地滨江”，交通比较方便。他又仔细查看了地方志，向当地的官员与百姓请教相关事宜，“始知该山属官”。这次考察给他的印象很深，他清楚地意识到，煤矿就是财富，国家要富强是离不开煤矿与铁矿这些矿藏的，需要有人将它们开挖出来。尽管当时他无力开采煤矿，但此次考察为他日后在广济等地发展矿业奠定了必要的基础。由江苏武进折返回湖北广济，再由广济回到家乡武进，又是一千几百公里的路程，官文当时并没有明确是否准备组织人马去开采广济的煤矿，盛宣怀也无法确定自己对广济的煤矿开采究竟能有什么作为，然而不能不说，湖北当时的社会环境与条件，哺育了他早期的“实业思想”，湖北开阔了青年盛宣怀的视野和胸怀。

九、三次乡试榜上无名，从此意绝科举

1864年，李鸿章率领淮军攻陷苏州、常州等地，和湘军一起基本剿灭了太平军。太平军败退之后，江南逐渐平静，老百姓开始恢复生产。

盛隆、盛康父子自然又开始着急起盛宣怀的科举应试之事。1865年初，祖父、父亲让盛宣怀返回家乡，安下心来读书，准备迎考。不久，盛康开始在苏州置办房产，于是他又让赋闲在家的盛宣怀到苏州，让他一边读书，一边负责房屋修葺之事，盛宣怀在苏州待了将近一年。那一年，盛宣怀21岁，虽然已经娶妻生子，对小家庭有些恋恋不舍，但毕竟年轻力壮，对苏州的社会文化、名胜古迹充满着好奇心，同时因为负责房屋修建，他将苏州的社会习俗、市场行情、交通地理弄得一清二楚。这也是盛宣怀在青年时期，在苏州待得最长的一段时间。

1866年(同治五年)秋，盛宣怀从苏州返回常州，并与弟弟盛㒞怀一起参加乡童子试，两人同时中了秀才，合门欢喜，盛宣怀立即写信向祖父、父亲报喜。

1867年6月，祖父盛隆在湖北走完了他的人生，盛康丁忧，护送盛隆的棺木回到常州。盛宣怀从苏州赶回常州，为祖父送葬。祖父盛隆享年82岁，生有四子及二女。虽然他自己只是举人出身，但却十分重视子孙的功名，在他的督促下，长子盛应考中了举人，次子盛康于1840年(道光二十年)中举，1844年(道光二十四年)又考中了进士。

常州历来是人文荟萃之地，清朝以来，赫赫状元就出了四人，进士更是不计其数。虽然如此，但在盛氏门中出了新科进士，却是一件前所未有的大事，盛隆内心十分高兴，但是他生前最大的愿望，就是希望自己的孙子盛宣怀能考出功名来。

然而，盛宣怀科举之路却走得并不顺畅。从16岁至21岁，人一生

中读书最关键的年龄，盛宣怀先是经历了近一年的逃难生活，到了湖北才安定了一年多，就奉长辈之命结婚生子，再加上当时处于战乱时期，对什么时候恢复科举考试，谁也说不清，在没有明确目标的情况下，读书的效果是会大打折扣的。1865 年他回到家乡，准备参加乡试，1866 年回常州应童子试，中了秀才。① 但之后又在苏州、常州两地奔波。1867 年 6 月祖父盛隆去世之后，祖母又一病不起，盛宣怀为此十分痛心，他把对祖父母的热爱，全扑在了祖母一人的身上，在家小心伺候着老人。而他对科举考试，尽管知道这攸关个人的前途，但对应试要求的那一套学问，内心又不怎么认可，看不出这些学问有多大用处，因此无法全身心投入复习。1867 年，他未去参加秋试。

1870 年科举秋闱之时，因淮军营务处总办杨宗濂举荐，盛宣怀入李鸿章幕府，任“行营文案兼充营务处会办”，赴陕甘山区“剿回”，错失了当年的考试机会。1872 年 4 月，李鸿章命盛宣怀筹划轮船招商局，盛宣怀拟订了《轮船招商章程》，此为轮船招商局第一个章程，随即他就开始投入了轮船招商局的筹办事宜。1873 年 9 月 9 日，李鸿章任命 29 岁的盛宣怀出任轮船招商局的“会办”，他刚到轮船招商局报到，与总办唐廷枢、会办徐润等商量商局的运营之事后，即“应北闱乡试，报罢”。② 1874 年，盛宣怀奉李鸿章密谕：“中国地面多有产煤产铁之区，饬即密禀查复”，开始赴湖北广济勘矿、采煤。1875 年 7 月，广济煤矿设厂雇工开挖。1876 年，他绝大部分时间均在湖北勘矿、开采煤矿。9 月上旬，盛宣怀应李鸿章函召由沪到烟台，参与同英使威妥玛议结“滇案”的谈判，签订《中英烟台条约》。随即又匆匆应秋试，不中，遂绝意科举。③ 1873 年与 1876 年那两次乡试失败，虽是事出有因，然而对盛宣怀的压力仍然很大，因为当时他已经进入李鸿章的幕府，尽管他办事十分干练，从事文案工作有一手好文笔，办轮船、矿务开始受到重用，

---

① 夏东元：《盛宣怀传》，四川人民出版社 1988 年版，第 459 页。

② 夏东元：《盛宣怀传》，四川人民出版社 1988 年版，第 461 页。

③ 夏东元：《盛宣怀传》，四川人民出版社 1988 年版，第 466 页。

在李鸿章身边崭露头角。但是，他清楚在李鸿章身边有功名的人比比皆是，而自己的身份只是一名候补知府，李鸿章想要破格提拔自己，也得思前顾后。

盛康对盛宣怀的教育培养与成才之路，却坚持实事求是、因材施教的理念，注重经世致用之学。他不强求子女必须走自己走过的路，也不强求子女走大多数人认为的所谓“成功”之路。在当时的制度下，“科举”被认为是“唯一”通向成功的成才之路。盛康一开始显然认为盛宣怀也应该走这条路，但是盛宣怀三次乡试未过，在这种情况下，盛康既没有强求盛宣怀一定要在这条路上走下去，更没有责备盛宣怀，他发现盛宣怀的兴趣主要在类似经济、管理这样一类的学问及运用上，为此他一方面鼓励盛宣怀自学经世致用之学，另一方面希望盛宣怀在实践中锻炼才干，多做与民生、社会、国家有益的实事。

盛宣怀虽然厌恶科举制度，但是，他并不像有些青年那样，一旦考试失利，就认为读书无用，甚至厌恶学习。在父亲的指引下，他更加努力地学习，学习有用之学，学习自己感兴趣、能发挥所长的学问。最后，他又通过朋友帮助、举荐，进入了李鸿章幕府，终于找到了可以发挥、施展自己才干的场所。

十、经营典当、钱庄，增长了实际才干

太平天国战争结束不久，苏、锡、常一带难民纷纷返回家乡重建家业，却缺乏资金。时任江苏巡抚的李鸿章建议盛康开几家典当、钱庄，认为可以赚钱。盛康因丁忧本来也就闲着，听了李鸿章的建议，就积极筹办此事。

盛康开始在常州修缮房屋，在苏州置业。之后，盛康又与苏州怡园的主人顾文彬商议开办典当、钱庄的事宜。由于两人都曾出任湖北盐法道，所以有许多共同的语言，他们决定邀请李鸿裔（1851 年举人，官至江苏按察使，著名书画家、收藏家、网师园主人）、吴云（1881 年生，

举人，官至苏州知府，著名画家)等人合伙，在苏州、常熟开办典当。

1868 年 7 月，盛康与顾文彬等人合伙的第一家典当行“济大典”就在吴县(今苏州)开张了，没想到生意好得出奇。

随着吴县、常熟的典当业务逐渐展开，从 1869 年(同治八年)起，盛宣怀又先后在江阴青阳南弄开设均大典当、江阴西大街开设济美典当、江阴城内南锁巷开设源大典当(江阴当时属常州府)，拥有资金 20 万两，时称江阴“盛氏三典”。

1870 年(同治九年)下半年，盛宣怀已进入李鸿章幕府，他将主要精力放在李鸿章交办的事上，吴县、常熟、江阴典当的生意，通过自己委派的人来办理，实际上仍掌控着典当的生意。盛宣怀对经办人员要求很严，提出四字：“勤、谨、廉、谦”，规定五不：不准吸烟，不准赌博，不准宿妓，不准在本典当行当衣物，不准私自借用抵押品。如有违反，“察出立辞”。由于经营管理到位，吴县、常熟、江阴的典当业发展极快。

典当刚办的时候，顾文彬还在宁绍道台任上，盛康也在杭州任上，典当行的日常管理由顾文彬的儿子顾承与盛宣怀负责。但是顾文彬对盛宣怀却不大放心，由于盛宣怀有主见，办事果敢，顾文彬总觉得盛宣怀大权独揽，独断专行，生怕顾家吃了亏。

同治十年(1871 年)，李鸿章将直隶练饷制钱 50 万串存于盛家典当，另外 50 万串存于江苏其他公典。同治十二年(1873 年)四月，轮船招商局招募商股，盛宣怀认领了 50 万串商股，分两次从苏州、常熟的典当行中提款，至上海轮船招商局去参股。同治十三年(1874 年)，直隶总督李鸿章为抗击日军，欲购买铁甲船，筹备了巨款。由于铁甲船尚未正式成交，这笔巨款搁置在那里无法增值，李鸿章就让盛宣怀将天津这笔总计 80 万串(合白银 54 万两)的巨额官款存于苏州的典当行。此外李鸿章准允轮船招商局从直隶练饷局借用官款 20 万串(合白银 13.5 万两)，年息 7 厘，除预缴利息外，实领 18.8 万串，盛宣怀将这些巨款也存于典当行了。

盛宣怀从天津领回的巨额官款，由江苏布政使行文，分存于苏州、常熟的四家典当行。顾文彬也是典当行的股东，做事谨慎但又怕事，唯恐另外几位股东吃了亏，又担心一旦战争爆发，盛宣怀所领的天津巨款立时要提，典当行有崩盘之虞，意欲将股份抽出，“自己立开”。由于盛宣怀把各人股份名下的账目理得很清，并且承诺“有祸伊一处独当”，减少了各种阻力。此外，盛宣怀对购买铁甲船的巨款也妥善安排，因为他作为李鸿章的机要秘书，对这些巨款可以存放多长时间、什么时候要动用多少、如遇突发情况如何处置，已经有了准备，因此心里并不紧张。同样，也减轻了顾文彬等人的担忧。

1877 年 1 月，典当行终于拆账，顾文彬、李鸿裔、吴云的股份与盛氏分开，济大典成了盛宣怀独资开设的第一家典当。顾文彬虽对盛宣怀大权独揽不满，但还是由衷地称道盛宣怀卓越的才干。1874 年(同治十三年)12 月，顾文彬在致顾承的家书中赞叹：“济兴事仍归杏荪(指盛宣怀)办理，妥当之至。此君虽年轻，而办事居然老辣，子弟有此才干，真可爱也。此事既办妥，现在别无要事，汝正可安心静养。”

盛康、盛宣怀接下来在江苏苏州、常州、南京、江阴、无锡、宜兴、常熟等地开起了一批典当。不到 10 年，盛氏旗下的典当多达 20 多家。典当业的经营与钱庄是分不开的，盛氏家族于是又集资开起了钱庄。本钱和利润从钱庄流到典当，又从典当流回钱庄。

盛宣怀在苏州等地与人合办典当、钱庄，既增长了才干，又充分锻炼了他在金融理财方面的能力，也使他积累了苏州等地上层社会的关系和人脉，为日后创办各项实业及中国通商银行奠定了基础。

十一、青年盛宣怀对未来充满着梦想

在父亲盛康看来，儿子虽然人品不错，办事又很干练，但是在地方上长期经办典当总不是一件好事。1870 年(同治九年)春，他通过京里的一位同年，替盛宣怀谋到了一份差事：福州船政局船政大臣沈葆桢那里，需要一名办理文案的助手，他让盛宣怀抓紧赴福州上任，免得夜长梦多。盛宣怀对这一份差事，自然是同意的，随即就安排好苏州等地典当的事宜，准备尽早启程。

正在此时，盛康又收到自己的老朋友、淮军营务处总办杨宗濂的来信。杨在信中告知李鸿章淮军西征正急需人才，建议盛康把儿子盛宣怀送过来。杨宗濂的父亲杨延俊，与李鸿章是同年进士，感情甚笃，自老一辈起就是通家之好。杨延俊去世之后，李鸿章就把其儿子带进了自己的幕府，让他在实际战事中经受历练。杨宗濂先在刘铭传麾下总管粮台，后任淮军营务处总办。

当时杨宗濂正随李鸿章西征进入陕西，他感觉李鸿章身边缺少人手，于是就想到了正闲在家中的盛宣怀。之前他几次见过盛宣怀，对他十分赏识。杨宗濂也知道盛宣怀曾经为他父亲办理过文案，还办过粮运，襄办过西征粮饷，认为盛宣怀办事精明能干，是个难得的人才，正是淮军西征急需的人手。

盛康接到杨宗濂的来信以后，却有些犹豫不决，究竟是让儿子到沈宫保(即沈葆桢)那里，还是让他投奔到李鸿章的门下？因为他清楚地知道，盛宣怀仅仅通过了乡试，身上虽然有一个候补道的身份，可是朝廷上下候补道多如牛毛，更何况盛宣怀还只是一个候补知府。一个候补官员要谋到一份长远的差事，可以说是难上加难。现在李鸿章那里军事吃紧，急需帮手，但是一旦战事结束后，李鸿章能不能将他留下，还是一个未知数；而沈宫保那里，因一直受到皇上圣恩，跟着他，得到一份“实授”是不成问题的。所以，盛康主观的想法是让盛宣怀到福州去，他生怕沈宫保那里的差事又被别人推荐的人顶了去，所以催促盛宣怀下决心，照自己的意见办。

可是，盛宣怀经过先前湖北、苏州的见识与历练，已是一个很有主见的人了，他对未来充满了梦想。首先，他对李鸿章的淮军有好感，当年淮军在前方追剿起义军，急需粮食与各种物资供应，盛宣怀积极参与湖北官府组织的物资筹集与运输活动。为此，湖广总督官文因他襄办陕甘后路粮台出力，奉旨以知府尽先补用。李鸿章在壮大淮军实力的过程中，积极创办江南制造局等洋务企业，盛宣怀是十分钦佩的。其次，他从父亲以及与父亲经常有往来的人那里，知道了不少为官之道，对沈葆桢与李鸿章在官场上的地位以及未来的前途，有自己的见解。他知道沈葆桢与李鸿章原先都是曾国藩的门生，沈葆桢从在湘军办营务，到出任广信知府，再破格担任江西巡抚，一路上都是受曾国藩保举而实现的。然而因厘卡一事(即办理军饷的做法)，他和曾国藩发生了矛盾，不久便离任回福建原籍养病。闽浙总督左宗棠主政福建之后，沈葆桢又成为左宗棠的门下。这样，在1866年(同治五年)，左宗棠调任陕甘总督之前，向朝廷举荐沈葆桢出任船政大臣，主政福州船政局。尽管朝廷明确船政大臣一职等同于各省巡抚，但是它们之间孰轻孰重，大家心中都是有数的。更不用说，只要曾国藩在一天，沈葆桢的官职，就很难再得到晋升。

杨宗濂当然与沈葆桢无法相比，但他是淮军统帅李鸿章相当倚重的属员之一。李鸿章此次是以湖广总督协办大学士的身份督军援陕的，朝廷又特别给李鸿章加上了一个钦差大臣的头衔，李又是目前年纪最轻的协办大学士，可见李统帅的发展后劲之足。

杨宗濂与盛家是世交，杨跟随李鸿章多年，他手下的能员也不见得少，凭盛康父子对他的了解，若不是有大的困难，若不是杨真对盛宣怀很赏识，也不见得会千里迢迢来信，让盛宣怀投奔到李鸿章的门下去。

盛宣怀对父亲说，曾国藩、左宗棠、李鸿章是当今大清国风头最劲的三位重臣，李鸿章又最年轻有为，况且父亲与李统帅过去又有些交往，如果自己在李鸿章的门下认真行事，日后的前途应该是无可估量的。盛宣怀终于说服了父亲，风尘仆仆地赶赴淮军营务处。

十二、经受淮军西征后勤保障工作的历练

1870年春，盛宣怀初到李鸿章麾下，此时正是李率军北上围剿捻

军的紧张阶段。最初，盛宣怀承担淮军的后勤保障工作，协助杨宗濂调运前线急需的粮草、帐篷、枪械、弹药等军需物资。但是，由于陕西山路居多，山高路窄，道路崎岖，到处都是羊肠小道，致使物资运输经常受阻，十分困难，甚至使部队贻误了战机。面对这种情况，盛宣怀一方面积极投入调运工作，一方面开动脑筋，为杨宗濂出主意，他将前方所需的物资，按照轻重缓急，合理安排各种物资的运输次序，优先保障最急需物资的供应，很快就缓解了前线物资供应不足的困境，使前方将士增强了战斗力。杨宗濂对盛宣怀的做法赞赏有加。不仅如此，盛宣怀还主动分担杨宗濂的文案工作，帮助杨草拟李鸿章委派的向朝廷上奏的有关奏折。由于盛宣怀青年时期在湖北时，就经常帮父亲盛康料理文牍上的事，有一手好文笔，因此他代为草拟奏折一事很快被李鸿章发现，他的文笔得到了李鸿章的赏识。

李鸿章随即就委派盛宣怀担任“行营文案兼充营务处会办”的职位（相当于机要秘书）。盛宣怀办事一贯事必躬亲，他实事求是、讲究实效、精明能干、吃苦耐劳的作风，很快就得到李鸿章的赞赏。当时留下的记载称，盛宣怀“在晋、陕等省的山川中跋涉，甘之如饴。‘盛夏炎暑，日驰骋数十百里’，而不辞劳顿；草拟文稿，‘万言立就’。‘同官’固然‘皆敛手推服’，李鸿章对这位世侄也刮目相看。”①不久，天津教案（即1870年天津教民为反对天主教会在法国“保教国”武力庇护下肆行宣教，进而攻击天主教教会机构，造成数十人被杀；引起教会动用武力、外国军舰开赴天津的外交事件）发生，列强以陈兵海上相威胁，清政府将李鸿章及其所部淮军从西北“剿回”前线调回直隶，以防沿海不测之变。盛宣怀也跟随李鸿章赴津，由陕西而入山西，除“涉函关，历太行，尽揽山川扼塞形胜”之外，沿途与李部将领郭松林、周盛传等研讨兵事谋略，使盛宣怀大开眼界，历练日深，没多久盛宣怀即被任命为会办陕甘后路粮台一职，不久又调入淮军后路营务处工作。

---

① 夏东元：《盛宣怀传》，四川人民出版社1988年版，第7页。

正当李鸿章的部队行至半路时，又接到圣谕：直隶总督，着李鸿章调补；两江总督，着曾国藩调补。事实上，当李鸿章带着一批幕僚赶到天津时，天津教案已在曾国藩的妥协之下接近尾声：天津道、府、县等在事官员、百姓二十余人，均被革职拿问，重修被毁教堂；向法国等赔偿抚恤费五十余万两；派大臣远赴法国道歉。

盛宣怀所担任的陕甘后路粮台一职和淮军后路营务处这项工作，使他可以职务之便往来于津沪等地，采办军需等物品，还可在津沪接触到很多人脉及新鲜事物，盛宣怀的职衔也很快得到提升。从军才一年多，即被荐升知府，道员衔，获赏花翎二品顶戴的荣誉。随着淮军的进一步壮大，对军费、物资的需求日益增多，盛宣怀认为只有通过办实业，才能为军队筹集更多的经费。中国要强盛，最迫切的是要发展实业。

进入李鸿章幕府一年多的时间，使盛宣怀确立了“图富强，尤重外交、兵备”，“辅以路、矿、电线、航船诸大端为立国之要”的一生奋斗目标。

十三、参与赈灾，决心为国为民多出力

天津教案过去不久，一场百年不遇的大水铺天盖地降到了直隶大地。1871 年(同治十年)夏秋间，直隶久雨不晴。永定河、海河、南北运河、草仓河及拒马河先后漫溢，大水冲得房倒屋塌，畿辅东南几成泽国，造成数十年未有之水灾。

据历史记载：“辛未夏秋，直隶大水。顺天、保定、天津、河间境内有成为泽国者，自保定至京师须用舟楫，乃数百年来罕见之灾。”8 月 15 日(六月二十九日)上谕称：“(直隶总督)李鸿章奏……本年五六月间，天津雨水过多，致城东海河及南北运河，冲溢数口，滨海地面，田庐禾稼，多被淹没。小民荡析离居，殊堪悯恻。虽经该督等督同官绅等捐，酌拨银款，量为抚恤，惟天津、河间、顺天、保定各属地势低洼，滨河地方，被灾较广，亟应筹款接济。”

曾国藩于当年 11 月(十月)所写之书信中亦云："直隶津、河数郡水灾，为数十年来所未有。民庐荡析，寝处俱无，其困苦情形，较之八年九年之旱奚止十倍。"直至次年，御史边宝泉在奏疏中尚谈及此次之灾："上年直隶水灾之大，为数十年所未有。畿辅东南，几成泽国。至不获已而集捐外省，发粟京仓，议赈议蠲，勤劳宸虑。迄今田庐没于水中者，所在多有。"①此次水灾，系因雨泽过多，引起各河漫溢所致。

直隶总督李鸿章得知灾情后，将身边的人员都打发到各地去劝捐，派官员前往灾区救灾，盛宣怀也被派往灾区，那年盛宣怀 27 岁，这是他第一次参加灾情这么重的赈灾活动。

盛宣怀与其他官员一起奔赴灾情严重的地区，面对直隶百年未有的大水灾，他亲眼见到了灾民的苦难，农田汪洋一片，颗粒无收，灾民房屋被冲走了，只能流离失所，可谓损失惨重。这与盛宣怀的家乡常州、苏州相比，简直是天壤之别。他在江南鱼米之乡，从来没有见到过与听说过有这么严重的水灾。在灾情面前，盛宣怀感到有些束手无策。他回到天津后，就向李鸿章禀报所见所闻，并请求李鸿章准予他回家乡去募集赈灾物资。

盛宣怀经过上千里的旅途，回到家乡，首先拜见了父亲盛康，将直隶的灾情禀告给父亲，当时盛康还在浙江杭州任上，听说这一情形后，立即慷慨解囊，带头捐赠了两万件棉衣，帮助灾民过冬，并让盛宣怀到上海去采购粮食，运往天津发放。

盛宣怀在家乡动员亲戚、朋友、乡绅捐钱捐粮捐物。盛康还让盛宣怀到淮南、苏南、上海等地去募捐。盛宣怀仗着父亲以前老同年、老同事的面子，走乡串巷，很快就为直隶募到了三十万两白银，五十万石粮食。

收到从南方送来的款物，阅人无数的李鸿章，对盛宣怀开始有些刮目相看了，他发现盛宣怀不仅脑子快、文笔好，还是个能干大事的人！

---

① http://blog.sina.com.cn/s/blog_7395bb730100xb4k.html。

秋天，盛宣怀带着从江南筹集到的银两、衣物、粮食到灾区去散发，他本人也捐助了赈米两千石。父亲盛康也因为这一次赈济活动，被李鸿章奏请赏加布政使衔。盛宣怀本人因为赈灾有功，被皇上嘉奖二品顶戴。这是他第一次参与赈灾行动，从事社会慈善事业。从此，他十分热心社会慈善事业，从 1871 年开始，他先后参与和组织了数十次赈灾活动，1897 年以后，他更是担负起组织领导全国性的赈灾救荒工作。

第二章　创业中重视人才的培养

一、创业时对知识与人才的重视

19 世纪 70 年代初至 90 年代中后期，西方列强纷纷侵占、掠夺中国，清政府摇摇欲坠。在当时的历史条件与社会环境下，一批思想先进的人士开始探索中国的富强与御敌之路，盛宣怀同当时一批洋务派人士一样，认为中国只有加快发展实业，才能使国力强盛，才能抵御西方列强的侵略。为此，他先后涉足轮船、电报、矿务、铁厂、铁路、纺织、银行等关系到国民经济命脉的大型实业，开创了中国历史上前所未有的创新、创业之路。

他最早参与创办的实业是轮船招商局。尽管他在青年时期对创办轮船招商局及开采煤铁的必要性已经有了一定的认识，并作了必要的思想准备，但是，那时的他对如何筹办轮船招商局以及如何勘查与开采煤铁是知之不多的。

1872 年 4 月，他奉李鸿章面谕，呈上轮船章程，主张办轮运以挽回航利，此为轮船招商局第一个章程。从此，他开始了创办轮船招商局的实业生涯；1874 年下半年，李鸿章又指示他："中国地面多有产煤产铁之区，饬即密禀查复。"由此，他奔赴湖北广济，开始勘矿与开采，经过曲折与反复，终于在晚年办成了当时亚洲最大的钢铁联合企业——汉冶萍煤铁厂矿有限公司。

在轮船招商局初创的过程中，他先是学习与借鉴出身于上海宝山沙船业世家、“承办海运已十余年，于商情极为熟悉，人亦明干”的浙江海运委员、候补知府朱其昂在运漕粮方面的经验；后在航运界最为活跃，也最有实力的轮船招商局总办唐廷枢的带领下，通过招商引资与参与经营管理，在与西方列强的争衡中，在不断处理朝廷上下保守势力责难的过程中，逐步积累了经验，增长了才干，进而抓住“用人”与“理财”这两个企业关键问题，使自己逐步掌控招商局，排除了经营管理上的各种干扰。

然而，兴办新式航运有五难，即招商难、设埠难、保险难、揽载难、用人难。1874 年招商局筹划设置保险公局，消息很快为各界所知。这是中国人最早拟办的保险公司，法国人法乐企图通过熟人关系到招商局或招商局保险行任总管。该年 4 月 8 日，左宗棠的属下、后曾任定海总兵的管带贝锦泉，曾致函时任招商局会办的盛宣怀，替法乐谋求这个保险职位。盛宣怀当时刚接触保险的事宜，国内又缺乏合适的保险人才，但是他很清楚，这样一个关键的岗位，还是应该由中国人自己来掌控，于是亲笔批示道：“招商局总管拟用华人，保险局事，须俟秋中方能就绪，届时再当奉闻”,① 委婉拒绝了洋人到招商局和招商局保险行任职的请求。但这促使他意识到，办好轮船招商局，需要的人才是多方面的，除了经营管理人才、驾驶与维护轮船正常行驶的技术人才外，还需要诸如保险等专业方面的人才，出于手头无人的窘境，初始在关键的技术与管理岗位上，还只能仰仗洋人，但是，他始终将物色称职的华人与培养青年才俊作为自己的职责。1886 年 2 月，轮船招商局仁济和保险公司成立后，业务范围已不再像以前那样，局限于轮船招商局自身，而是扩大到社会各业。管理层方面，由招商局督办盛宣怀及会办马建忠、麦加利银行的买办韦华国、柯化威银行的买办郑秀山、汇丰银行的买办唐国泰、茶业界的巨商姚锟以及商人萧郁文和欧阳煌等人组成了最

---

① 夏东元：《盛宣怀传》，四川人民出版社 1988 年版，第 461 页。

初的董事会，保险公司遂完全由具备管理能力的华人所主持。

与此同时，当他接受李鸿章勘矿的指示后，他清楚，要实现在湖北广济采煤的愿望，就要对那里的煤矿有真切的了解，这必须请懂行的人出马。当时他得知沈葆桢的幕僚张斯桂(浙江慈溪人，协助沈葆桢创办福州船政局)曾在台湾鸡笼查勘过煤铁，拥有实际经验后，1875 年 5 月，盛宣怀就密札张斯桂，请他赴湖北广济勘查煤铁，并说："此举关于富强大局，幸勿诿延"，另密谕张斯桂"查明旧窿产煤、运输以及士绅对采煤态度等情况"，重点考察"如果由官备本，制办器具，雇用民工，该处绅民能否乐从……并须设法开取煤样，携带回沪，以便呈送李爵相看验，再行酌议章程，通禀饬办"。

经过张斯桂的初步勘查，盛宣怀于 1875 年 7 月 24 日，开始在湖北广济煤矿"设厂雇工开挖"。但是，在经办湖北煤铁开采总局、荆门矿务总局、大冶矿商办的整个过程中，寻觅与培养称职的矿业专门人才始终是他最为关注的问题，他认为："矿务既属兴利之大端，而得人尤为办事之先务。"

1876 年 9 月上旬，他在致李鸿章的《论矿事书》(光绪二年七月中旬)中说："开矿不难在筹资本，而难在得洋师。盖筹资本于目前，即可获子母于日后，又非同造船制器有耗而无来也；矿事之成败利钝，实以洋师之得人不得人为定，而其本领又不难在开矿，而在认矿也。认矿只须得一二人，便可遍视各省产矿之地。夫以一二人而可揣十余省之地利，亦不妨优给薪资，并当议明开成一矿给赏若干，使其专心为我所用。"①

他通过实践认识到，对煤铁的勘查与开采，这种需要现代知识技术的产业，依靠科举培养的人才是不能胜任的，必须"得洋师"。在盛宣怀的心目中，显然人才重于资本。从当时中国的现实看，要是能得到有真本领，又"专心为我所用"的洋师，哪怕给予优厚的薪资，也是值得

① 夏东元：《盛宣怀传》，四川人民出版社 1988 年版，第 165 页。

的。当然，他清楚聘用“洋矿师”只是权宜之计，从长期看，必须撇开科举的途径，培养自己的专业人才。

二、学习勘矿知识，慎用洋矿师

与经营管理轮船招商局不尽相同，煤铁的勘探与开采，需要专门的工程知识与技术，盛宣怀深知，要真正办好矿务，首先要勘矿，勘矿是否精准对采矿影响很大，而采矿得运用国外的技术设备，这些又必须依靠掌握西方技术设备的人才。

在当时科举选拔人才的体制下，国内不可能培养出擅长勘查、开采煤铁的矿师，于是，盛宣怀经与驻沪新泰兴洋行协商，请其帮助聘用据说曾在日本长崎挖煤的英籍矿师马立师。由此，马立师于 1875 年 12 月抵达上海，这是盛宣怀第一次正式与洋矿师打交道，他决定委派提举衔候选通判徐黼升担任其翻译。尽管聘来了洋矿师，然而盛宣怀心中仍没有底，便向沪上洋行打听，得知“在沪洋人，皆知马立师本领，向专办开矿事宜，经历二十年，可称熟手，人亦安稳可靠”，但是，李鸿章还是不大放心，他致函盛宣怀，详细询问所聘矿师“……是否真有本领？是否先立合同？务要详慎精审”，要求盛宣怀认真考察洋矿师资质水平。

1876 年 1 月 15 日，马立师到达广济，盛宣怀在与马立师见面的时候，通过与马的交谈、接触，发现与他先前所接触过的台湾基隆煤矿所聘的矿师翟萨相比，马远不如翟萨。耳听为虚眼见为实，盛宣怀对外界所传的马立师的开矿本领打了折扣。

2 月 19 日，盛宣怀与马立师签订正式雇用合同，但他对马立师聘用合同的年限，只定了半年，并且在合同中有明确的约束：“该洋人既充本局监工，无论大小事体总当听从本道主使，谨慎妥当，诚实办事。礼拜日仍应照常办公，并须随时随事先行禀明本道，斟酌妥当，方准照办，不得擅自主张。”①盛宣怀随即令马立师视察矿山，结果并不太乐观。正如1876年2月21日，盛宣怀堂兄盛宇怀在给盛宣怀父亲盛康的信中说：他“率同马立师遍看广济、兴国两岸山势，彼亦仅能决定院家山一带多煤，而兴国则煤铁兼产，并不能决定煤层厚薄，能敷若干年开采。必须定制钢錾，凿孔见煤，方知深浅”。② 为了探清煤层的深浅、厚薄，2月26日，盛宣怀带着马立师等一起到上海，委托耶松洋厂定造勘矿铁扦，为在广济进行全面勘矿作好准备。

与此同时，盛宣怀自身抓紧对矿务的学习，争取由外行变为内行，他告诉李鸿章，自己虽然对于“地学化学，格致门类，一名一物，绝无所知，然犹欲勉力考究其近似，冀不为人所蒙蔽”。③ 为此，他到处寻觅矿书。通过学习，大致了解了开矿的专业知识与方法，并对矿事提出一些见解。1876年9月上旬他在《论矿事书》中主张：“(1)自己培养认矿人才，一面选聪颖子弟随洋人看矿学习。一面选派人才出洋专学开矿本领。……(3)简放矿政大臣，统一领导，遍勘各省矿产，俱归督办。”他还请在福建工作的张鸿禄帮他找一本“斯米德翻译五金矿论”的书，10月下旬，当他得到该书的第一卷时，喜出望外地学习起来。盛宣怀还十分注意学习报上有关矿学知识的文章，经过学习，他掌握了不少矿学理论知识。④

初步解决了矿务人才之后，盛宣怀积极开展勘矿、开采和冶炼了。由于广济及附近的大冶在历史上就是煤铁分布区，盛宣怀提出“先煤后铁”“以铁为正宗”的开采原则，这得到了李鸿章“所见甚是”的赞许。⑤在这样的开采方针下，盛宣怀一面在广济探煤，一面又派矿师到大冶去

---

① 见盛档，《英矿师马立师合同》，光绪二年正月二十五日。“盛档”，即“盛宣怀档案”简称，后同。

② 陈旭麓等主编：《湖北开采煤铁总局荆门矿务总局》，上海人民出版社1981年版，第55~57页。

③ 见盛档，《盛宣怀致李鸿章函》，光绪二年十一月二十二日。

④ 见盛档，《张鸿禄致盛宣怀函》，光绪二年十一月二十二日。

⑤ 见盛档，《李鸿章致盛宣怀函》，光绪三年七月八日。

勘探铁矿，并决定到国外去购买新机器，用洋法开采和冶炼，一切按部就班地开展着。由于当地缺少开矿的熟手，1876 年 10 月下旬，他又派人到湖南衡州等处察访开煤情形，并招募开矿熟手到广济参与开采。

马立师在履行合同期间，工作不认真，而牢骚却很多。1876 年 6 月 26 日，马立师连续致函盛宣怀，抱怨“经办委员掣肘，凡事不能做主”。而在勘矿上，马立师的技术根本过不了关，将广济的劣质煤认定为优质煤。盛宣怀确认马立师在技术上也不行之后，毫不犹豫地予以辞退。面对辞退的决定，马立师向盛宣怀“函请另行择地”，再行勘矿，对此，盛宣怀坚决予以拒绝。通过对马立师的聘用与辞退，盛宣怀意识到对“洋师”不能盲目相信，必须聘用有真才实学的“洋师”，才能解决问题，并且决心抓紧培养自己的专业人才。

三、借助洋矿师，培养勘矿人才

马立师被辞退之后，盛宣怀于 1876 年 9 月中旬，又“在烟台面托总税务司赫德聘雇英国矿师一名及匠目二人”，请赫德帮忙推荐称职的矿师。①

与此同时，为借鉴其他地区矿务的经验，他派张福镄（江苏如皋人，湖北开采煤铁总局官员）前往湖南衡山等地考察，“该处属究以何处产煤最旺，即行亲往查看：该处所开土矿是否有直井、眠井之别？其尤旺者每矿能用若干夫役？每日能得煤若干石？其挖煤系用何样器具便能块多屑少？其起煤是否亦用辘轳？其运煤是否亦用车辆以省人力？其矿内遇水系用何法戽车？均须详细查访明确，切勿稍事含糊。此种开煤夫役大约极易招募，而其要全在看山本领。闻该处看山亦是以山势石色为凭，大致与洋法相同，然此种老手恐不多得……总期募得看山老手数人，方有把握，其余堪任一厂之矿头者，应招雇二三十人为率……

① 夏东元：《盛宣怀传》，四川人民出版社 1988 年版，第 466 页。

(宜)亲赴现在开矿之处，择其开采已有成效，访其看山已见本领者，方始募雇”。①

1877年1月19日，李鸿章致函盛宣怀，表示先有人而后炼铁，方是长久之道，并建议派人出洋游历一年半载。李鸿章在函中首次提及大冶铁矿极富，在宋代已是采铁的中心，故“必无矿少之患！”。李鸿章又说：“洋匠马里师(马立师)不谙地学、化学，遂致旷日糜时……湘中铁矿虽多，土法松炭，熔炼焉能如法！制局全用洋铁，今不学西人炼铁之技，纵开矿得铁，亦废器耳。蕲、黄二州宋代有回岚、瓷窑、龙阪、贵山等冶，兴国军有簑湖冶，鄂州有圣水、荻洲、龙兴、樊源、安乐、大云等六铁场。阁下所办皆昔人采铁故处，以洋法炼铁必无矿少之患，应俟赫德所雇洋师到后遍察矿产，斟酌兴办。阁下诚欲考究矿学，不为人所蒙蔽，或由局派一明白矿务之员，遣往西洋各厂考校一番，计游历一年半载，所费尚不甚多，果得窍要，所省必不少也，尚希卓裁。”②

李鸿章说的“大冶铁矿极富”是有根据的，他期望盛宣怀在先人的基础上，掀开新的一页。由此，盛宣怀在派出张福镄赴湖南考察矿务的同时，即认真查阅《大冶县志》，从古人在大冶勘矿、开采、冶炼的实践中吸取经验与教训。事实上，据历史记载，三国吴黄武五年(公元226年)当地人已在大冶采铁。吴大帝孙权在大冶造过刀剑，隋炀帝杨广在大冶铸过钱。宋代曾在大冶簑湖畔设簑湖铁务，明代在大冶设立过“安田炉”。7月18日，盛宣怀在致翁同龢的函中首次提及大冶铁矿：“龙港地方间有佳煤，恐仅土法开采，而陈设机器合算不上。该处五金较为可靠。银矿当置勿议。其铁苗皆从大冶而来，请向大冶所属一验来脉，并以德国人李希霍芬游览日记所载黄石港产煤，亦应前往一看。查志(即《大冶县志》)载，大冶之县北铁山、白雉山皆产铁。前奉李中堂

① 陈旭麓等主编：《湖北开采煤铁总局荆门矿务总局》，上海人民出版社1981年版，第116页。

② 陈旭麓等主编：《湖北开采煤铁总局荆门矿务总局》，上海人民出版社1981年版，第145页。

函谕，以宋代兴国军有磁湖冶，鄂州有圣水、荻洲、龙兴、樊源、安乐、大云等六铁场，皆前人采铁故处，以洋法炼铁必无矿少之患。应俟赫德所雇洋师到后遍察矿产，斟酌兴办等因。查磁湖亦大冶所属，适有该处绅士前江苏直隶州贺镜如持铁样来局请往验视。职道以兴、冶毗连，如以两邑所产之铁并一机器熔炼，是铁之利固大于煤。原奏本属煤铁兼采，该矿师在美国亦系煤铁兼办，似可准其所请，前往一看，以定主见……惟目前开煤机器已经全备，而熔铁机器尚未购置，故职道与该矿师商明，此地铁矿只须先一验其佳否，便即赴宜(昌)勘办煤矿，先煤后铁一定之理，宪台谅亦以为然。"翁同龢批复说：如"验(得)兴、冶两邑矿苗能在六成以上，足供洋法采取，再行禀办……仍将办理情形随时禀报核查"。①

通过这一段矿务实践，盛宣怀对国家的发展、人才的重要性有了更深入的认识。1877年2月，他在给李鸿章的弟弟李鹤章的信函中，将中国与当时资本主义最发达的国家相比，认为："如大列国，断无独居独处之日，亦断无不百年不败之和局。"因此，中国之一切努力，必须瞄准西方列强。然而，中国落后之根本，在于缺乏必要的人才。他将中国与西方发达国家在人才方面作对比，指出："试问吾家将才如彼否？使才如彼否？理财之才如彼否？"盛宣怀并非自卑，而是建议以积极行动迎头赶上去。他主张在抓紧培养人才的同时，必须大力提携后进。他说："办事以得人为主，而人才半在赋界，半在陶熔。"②所谓"陶熔"，即培养之意。他认为，不断培养，才能不断地如接力赛似的出人才，事业才能不停地发展。他精辟地提出："非有后起之人，(事业)亦必旋得旋失。"他希望李鸿章等掌握权力者，要"为天下得人才。弗轻后进而不诱掖，弗狃目前而不远求，弗存姑息而举非其人，弗避嫌疑而举之不先"。这四个"弗"字的四句话，反映了盛宣怀的心声，他说："搜罗今

① 陈旭麓等主编：《湖北开采煤铁总局荆门矿务总局》，上海人民出版社1981年版，第204、208页。

② 以上参见盛档，盛宣怀《致李鹤章函》，光绪三年正月。

日之梓楠，培养他年之桢干，为一代得治人，胜于为百代立治法。”以上足见，经过矿务实践，盛宣怀对人才认识的深化。①

李鸿章十分关注矿务的进展，他在1877年3月2日致盛宣怀的函中说：“马里师辞退后，暂募衡、宝、乐平煤工用土法开挖，其监工、翻译、机器工匠等，方在续延洋师，自不必遽予裁撤……西人开矿，不计岁月，不惜资本，故有创必成。中国初次开办，九折臂而成医，小费更所不惜，近效亦所不期，此中甘苦，自非局外所能共喻。但守定坚忍持久四字，必有成效可观。”李鸿章并说：“洋法开煤，应以访请洋师为开宗明义第一章，洋师得人，则何处可开井眼，何器可以合用，工匠应用何等，皆有纲举目张之妙。”所聘洋师“必其人在本国矿务学堂出身……其应购化学器具及凿孔机器等件，均由该师购办带来。”他对新聘的洋师是有所期待的。②

5月6日，新聘的矿师郭师敦以及两位工程技术人员谭克、派克，先于盛宣怀抵达广济盘塘总局，他们开始着手勘矿，6月24日，盛宣怀从天津抵达盘塘总局，了解郭师敦等勘探的结果。

新聘的矿师郭师敦工作认真，成绩卓著，盛宣怀发现郭师敦具备数学、物理学、化学、地质学等较全面的知识，为人也很谦虚。盛宣怀对他评价较高，也很尊重他。为了切实了解与掌握洋矿师勘矿的做法与进展，盛宣怀委派张福镆陪同郭师敦勘矿，并要求张认真记录每天的进程。于是张在陪同过程中，写下了“洋人看山日记”。1877年6月28日，他向盛宣怀报告说：“连日洋人所看已开未开平山平地，总觉煤不甚佳，未合轮船机局之用。”郭师敦也致函盛宣怀说：“(广济)龙港一带不产多煤，又不合机器大宗烧用，徒费时日，定不见益”，并向盛宣怀建议“宁可另择他处”。6月29日，盛宣怀回函致郭师敦，明确对龙港

① 以上参见夏东元：《盛宣怀传》，四川人民出版社1988年版，第271~272页。

② 以上参见陈旭麓等主编：《湖北开采煤铁总局荆门矿务总局》，上海人民出版社1981年版，第156~157页。

一带“自应舍此而另择他处，冀可早安机器采煤”。张福镄在6月28日的报告中还说：“明日……溯流而上，细察窿口，兼访铁山，不厌精详，冀有所获”，开始对大冶铁矿进行考察。

盛宣怀认为，聘用洋矿师在于“使其专心为我所用”，而不能长期依赖洋矿师。因此，要派自己的子弟随同洋矿师学习，培养自己的人才。在聘请洋矿师之初，他就确定：一是“于同文馆及闽、沪各厂选择略谙算学聪颖的子弟一二十人随同学习”，学习用科学方法分析矿石，并购买外国博物馆所藏矿石标本以备参证；二是“请饬出洋学生酌分一二十人在外国专学开矿本领”，这些学生二三年后即可回国，派上用场。① 盛宣怀的决定，初步解决了当时缺乏青年矿务人才的困难，他在矿务实践中形成的人才观，为他以后在矿务及其他实业中取得成功奠定了基础。

四、郭师敦勘得大冶铁矿优质矿藏

1877年9月下旬，郭师敦向盛宣怀提交了大冶铁矿的化验报告。报告说大冶铁矿的“铁质净六十一分八八之多，矿之佳者推此为最。以熔生铁，洵称上等，再炼市销熟铁，亦无不可”，同时在旁近之地发现了优良的“锰矿”。由于储量甚大，郭师敦估计“足供中国各厂一切需铁之用，所冀久挖不完，即所得之矿悉是佳钢佳铁矣”。此外，“又有灰石大矿佳而且厚，颇合熔炉之用”。他认为“所需惟有熔铁白煤一项须得包定若干，不致缺乏，方能济事”。② 郭师敦在5个多月的考察中，使勘矿获得了很大的进展。

盛宣怀对郭师敦的工作十分满意，1878年2月，他安排总局职员大量购买铁山地亩和黄石港江边适合置炉的土地，“以湖北开采煤铁总

① 见盛档，盛宣怀《致李鸿章函》，光绪二年十一月二十二日。

② 参见陈旭麓等主编：《湖北开采煤铁总局荆门矿务总局》，上海人民出版社1981年版，第236页。

局名义买得大冶铁矿山”，并开始订购机器设备，为日后炼铁作准备。盛宣怀并提出湖北矿务“先煤后铁”，“以铁为正宗”的宗旨。4月，盛宣怀再次请求李鸿章拨款，并获得李鸿章“湖北矿务当以铁为正宗”的意见。5月中旬，盛宣怀禀李鸿章说：“据面禀武、冶铁质之佳，矿产之旺，确有把握。”“请先开生铁炉一座，逐渐推广；荆当煤质坚好，一无硫磺夹杂，尤为所宜，虽运费较多，但以此煤能和美国白煤比，一吨足以抵两吨之用，开挖尚可合算，请先探签试办。”①

但是，此时李鸿章深陷广济煤矿债务危机之中，30万串官款，亏损近10万串，朝廷对他与盛宣怀的指责不绝入耳，而且他更担心煤铁计划半途而废，徒费巨款而无寸功，甚至影响其政治地位。他一方面推荐周令锐到荆州“先行探签，一见煤层便须开井。大冶铁矿亦须筹股招商，次第举办”，部分同意了盛宣怀的湖北煤铁计划，仍冀希望盛有所突破，另一方面，表示了无力承担煤铁同时开采所需的巨额资金，要盛宣怀通过招商来解决。

大冶铁矿坐落于黄石市铁山区，东邻三楚第一山——东方山，西邻大冶古八景之一“雉山烟雨”——白雉山。东距黄石市中心区25公里，东南距大冶市15公里，为黄石、大冶、鄂州三市的接合部。

大冶铁矿开采始于公元226年，迄今已有1700余年。公元221年吴王孙权自公安迁都于鄂，改鄂为武昌(今鄂州)，在境地开采铁矿，制造刀剑，铁山成为孙权采炼的主要基地。尔后晋、宋、梁、陈都于此地设铁官，采矿冶炼。宋高祖刘裕为恢复中原，在铁山冶炼锻铸兵器，死后葬衣冠于铁山，并建有宋高祖庙。隋文帝时，江南民间钱少，遂命晋王杨广在白雉山南(铁山)设置10炉，开采铜矿铸造新钱(五铢钱)。唐、宋两代，开采尤盛，北宋设磁湖铁务于铁山之东，还设有大冶富民铁监，冶炼铜铁规模宏大，既制造刀剑、农具，又铸铁币。公元1180年，南宋朝廷在铁山设置铁山寨，抗金名将岳飞于公元1134年奉命屯

---

① 见盛档，《盛宣怀致李鸿章函》，光绪四年四月中旬。

鄂，在铁山一带采矿冶炼，炼制“大冶之剑”，并率领士卒多次战胜金兵。公元1374年，朱元璋设置兴国冶，铁山又成为冶官铁的主要矿石基地，年产铁额在100万斤以上，大使赵景先还在铁山东面建有七宝庙，以护炉冶。

大冶铁矿共由6个大矿体组成，自东向西依次为尖山、狮子山、象鼻山、尖林山、龙洞和铁门坎，储量比较丰富。6个矿体除龙洞矿体向南倾斜和尖林山矿体呈隐伏平卧状外，其他都向北东倾斜。单个矿体长360~920米，倾斜延深100~550米不等，厚10~80米，局部可达180米。

大冶铁矿山的矿石主要是铁铜共生矿，铁矿物主要为磁铁矿，其次是赤铁矿，其他还有黄铜矿和黄铁矿等。矿石平均品位为53.8%，最高的达60%。矿石的还原性较差，矿石经烧结、球团造块后入高炉冶炼。

1878年8月21日，郭师敦将最新收到的英国化验报告呈送盛宣怀，报告称“大冶所产者为上等佳矿……堪以熔炼上等佳钢……(不宜)在此迁延，坐废时日”。盛宣怀于是在9月初再次致函李鸿章，禀称煤铁勘探已有相当把握：“现在大冶铁山均已买成，安炉基址亦已勘定，铁样既经熔出，成本亦曾约核，应购熔炉机器并已绘图寄赴英厂，专候去信定夺。至荆门煤矿上年亲往勘定处所，已饬该矿师绘图立说，据称确有把握。该煤……已炼过武、冶之铁，均称合用……此项取煤机器、铁路均已备齐，是湖北煤铁矿之端绪已彰显。”①而李鸿章对盛宣怀的请求未予认可，盛宣怀只能暂时搁置开采、冶炼计划，但是，盛宣怀从中进一步认识到优秀专业人才的价值。

1886年11月5日，李鸿章幕府景文照致函盛宣怀称：“……设矿务学堂以造就人才，并延头等矿师遍勘熟矿，择优开办。又纺纱织布以敌洋产，皆当务之急，非此不足以济官民之穷。执事魄力不小，即使一

---

① 参见《景文照致盛宣怀函》，《盛宣怀实业朋僚函稿》(上)，第312页。

时不行，将来指能逐渐办到。”①1887 年 2 月 2 日，驻美公使张荫恒的日记中亦写道：“得盛杏荪书，言织局不难于集资，难于得人，托详查丹科手艺，又请代物色矿师，因黑龙江商办金矿，欲得良工指导之也。”②从景文照函和张荫恒日记可知，盛宣怀虽然在湖北办矿受到了挫折，但是他对寻觅实业所需之专业人才以及办矿务学堂的心情尤为迫切。

五、依靠人才实现津沪电报线的架设

1880 年秋，李鸿章按照清政府的谕旨，决定筹备架设天津至上海的电报线，同时，在天津成立官办的天津电报总局。最初，李鸿章委派郑藻如、盛宣怀、刘含芳三人为天津电报总局总办。1881 年 3 月，郑藻如奉命出使美、日、秘等国，刘含芳亦于 1882 年辞差，电报经营事务遂由盛宣怀一人总负责，同时他委任郑观应为上海分局总办。

天津电报总局是盛宣怀第一次独当一面承办的大型机构，津沪电报线路架设工程是盛宣怀承担的第一项大型工程，从工程技术知识上看，盛宣怀从来没有接触过这些东西；从工程施工组织管理来说，他也缺乏经验，特别是工程距离长，从南到北，地理环境、气候条件变化差异大，施工人员大多是新手，难度可想而知。能否圆满地完成线路架设，对盛宣怀确实是一次严峻的考验。

为此，盛宣怀更加注重学习，他向在电报工程与技术上有经验的郑观应请教，郑观应曾参与在大沽、北塘海口炮台与天津之间的短途电报线的架设和试运营工作，为了便于用汉字发报，郑观应还将法国驻华人员威基杰编成的第一部汉字电码本——《电报新书》，改编成《中国电报

① 陈旭麓等主编：《湖北开采煤铁总局荆门矿务总局》，上海人民出版社 1981 年版，第 323~325、340 页。

② 参见《张荫恒日记》，第 116 页。

新编》，为电报业务在中国的开展创造了条件。郑观应成为盛宣怀完成津沪电报线路架设工程的主要依靠对象。与此同时，盛宣怀也认真向丹麦工程师学习与请教，他还要求在电报学堂学习的每一个学员必须认真完成学业。

为了加快津沪电报线路的架设，盛宣怀聘请有经验的丹麦大北公司洋监工霍洛斯制订了详细的工程进度计划，霍洛斯完成的规划表明：津沪线路"每日可做二十里，自津至沪二千八百里，计须做工一百四十天，以五月初一动工，除下雨耽搁之日，计需十一月内完工，大约来岁封河之后总可通报"。

对于这么长距离的工程，如何组织人力、物力有序开展实施，这在中国历史上是极其罕见的，没有现成的经验可供借鉴。为提高工程进度与效率，津沪电报线采取南北两地同时开工的修建方案，盛宣怀设立南北两个督造电线工程委员会，负责全线工程，任命佘昌宁为北路负责人，王锦堂为南路负责人。王锦堂的两位助手俞书祥（江苏太仓人）、黄文海（广东番禺人）俱从天津电报学堂选出。

为了提前为电报传送与设施维护作好准备，盛宣怀在总局之下设立七个分局。据1881年12月4日《申报》记载："自总局外，紫竹林、临清州、济宁府、清江府、镇江府、苏州府、上海县共立七分局，计共总分八局，每局各延洋人一名总司报务。"由于大沽局早于津沪线而存在，当津沪电报线建成后，亦将大沽局也纳入其管辖。

相关分局负责人为：上海分局郑观应、谢家福，苏州分局刘庭来、谢庭芝，镇江分局严作霖、张世祁，清江分局陈同源，济宁分局陈锡纯，临清分局朱福春，这些负责人在经营管理上都有较强的能力。

盛宣怀与霍洛斯反复商讨，认为"材料及应用器具，必须分布各段以便临时取用，拟以二百里左右为一段，分作十六段为存材料处，除天津、临清、济宁、清江、镇江、上海、苏州七处本须设局外，其余兴济、连镇、故城、史家口、夏镇、台儿庄、宿迁、高邮、常州九处设存放物料栈房九处，已经酌妥，二等分局应设几处，再行随时督定"。对于施工技术人员及工人，盛宣怀也请洋匠作了培训，教会他们如何掌握工程进度，防止雨天拖累工期等。

为了加强对施工过程及日后的日常管理，盛宣怀在与霍洛斯商议后，确定“五十里应设一巡电房，选派本处巡兵二名，以资巡逻，每月酌给津贴银数两，凡该管五十里之内，均责成该营兵往返巡逻，由霍洛斯及各洋匠教其接线通电之法，并收拾之法，以便遇损即修，免耽要信，并由地方严谕各段地保认真看守勿使损失，俟另定保护章程，再拟详请通行”。此外，盛宣怀又规定：“电线安置一段即设巡电房，其巡电房存料处，皆分隶七局，就近照管，以相维系”，确保一段工程完工，经过验收之后，就纳入相应的管辖分局，予以管理。

1881 年 4 月，在盛宣怀的主持下，中国第一条长途公众电报线路架设工程，比原先预定的开工日期，提前一个多月，从上海、天津两端同时开工。

整个工程历经 250 多天，在工程技术人员及施工工人的共同努力下，至 12 月 24 日，全长 3075 华里的津沪电报线路全线竣工，12 月 28 日电路沿线各局正式向公众开放营业。

六、重视电报专业人才的培养

盛宣怀清醒地认识到，中国人要想掌控电报业，必须改变依靠洋人的现状，但目前还得先向洋人学习。因此，他在开办天津电报学堂时，最初聘请的是丹麦人博尔森和克利钦生，请他们作为学堂的教师。因缺乏人才储备，电报局不得不四处招揽学生，甚至从香港招人，但优等学生甚少。盛宣怀根据学堂主管朱其诏的建议，电报教科书多采用英文写成，学生须具备一定的英文基础，他从机器制造局的方言馆内调拨优等学生入电报学堂学习，以求这些略有基础的学生快快成才。江苏太仓人俞棣云，就是从机器制造局方言馆被选调入电报学堂的。

俞书祥（1856—1918），字棣云，江苏太仓人。14 岁从太仓到上海老城厢俞家弄投奔亲戚，次年就读方言馆学校，之后在江南制造局的翻译馆工作。1881 年初，25 岁的俞棣云被招入电报局，协助盛宣怀创办天津电报总局。之后，俞棣云从天津电报学堂学成后，被盛宣怀派往津沪电报线路从事架设工程，担任南路负责人王锦堂的助手。1884 年，天津电报总局迁到上海外滩(其旧址现为外滩七号)，俞随之在上海电报局工作，后担任上海电报局总办，并先后在上海和太仓两地分别设立电报学堂，为国育才，做出了很大的贡献。①

学堂长期设汉、洋教习，初期主要教授打报、测量等技术。因电报所需材料皆购自外洋，电报局需支付高昂的材料费，故郑观应提出应拓展教授范围，培育较高层次的技术人才，选派学生出国学习器材制造，以求所用材料皆能自造，不被外人掣肘。于是，天津电报学堂进一步明确办学目标：一般的是“向学生介绍电学、磁学和电磁力在各种设备上的不同目的的应用”，特殊的是“教育学生以电学和磁学的理论以及在中国电报局的电报站工作的电报技术”。

最先，天津电报学堂是由电报总局这个企业负担其费用的。为了提高学堂的政治地位，提高学生学习的积极性，盛宣怀提议学堂应以朝廷的名义开办，由朝廷提供办学经费。他对李鸿章说：“学生俟到局派事之后，薪水由本局开支，所有设立学堂经费系为国家造人才起见，应在军饷内开支，免在商本内归还。”此提议得到了李鸿章的首肯。这一举措将电报学堂的性质由原来的民办变为官办、私设变为正式，吸引了更多的好苗子前来进修。电报学堂原定开办一年，因为天津、上海、浙江、福建、广东和长江沿线急需人才，就连续办了几年。

后来，电报学堂在上海、江苏等地开枝散叶。为培养更多电报人才，1883 年 7 月 5 日，上海电报学堂开始招生，学堂分设按报塾、测量塾，聘请丹麦人博怡生、葛雷生等任教。初次考试应试者就有 80 人，由电报局总管博怡生评定等级。上海电报学堂制定了规约，对学生管理

---

① 参见上海愚园路《历史名人墙》,《口述历史：俞氏三杰》。

很严格，进入电报学堂的学生要立下约定：5 年以内，如有不听调遣、不守规矩者，罚洋 100 元。学生按成绩分为四班，每班又分三等，等级不同薪水有高低，最高者月薪 50 元，最低者只有 3 元，并且要定期考核，随时调整班次等。

1884 年，天津电报总局由天津迁至上海法租界郑家木桥，学堂的学生一边学习，一边在总局实习，以求业务速进。对违反纪律、荒废局务的学员，学堂采取“分别情节轻重，罚减薪水、记过斥革”的惩罚措施，同时表示“勿恃某总办为至亲，某司事惟故旧，谓可资为奥援，不至发覆。本学堂行法必自近始，方将摘取凡有来历各生，先行惩办，以儆其余而杜藉口”,① 体现了公正、严格的管理制度。

先后在苏州分局、上海局任职的谢家福(1847—1897，字绥之，江苏苏州人)对电报工作亦十分投入，盛宣怀屡次在李鸿章面前称赞谢“殆堪大用”。李鸿章也表扬谢家福“帮助、协同盛宣怀办理电报事宜，认真办事，井井有条，凡有所见，地无论远近，事无论巨细，皆竭诚筹助，其议论亦多可采用”。

特别难得的是，饱读诗书、中西兼通的谢家福很重视电报人才的培养。他原先在离苏州故居不远处的五亩园正道书院故址上，创建义塾“儒孤学舍”，专授“新学”。1892 年，他根据盛宣怀的建议在“儒孤学舍”内成立了苏州电报传习所(“苏堂”)，三年间“苏堂”为电报界培养输送了报务人才八百余人，遍布全国，一时间苏州电报传习所闻名电报界，影响深远。

盛宣怀在办电报过程中，在建设与管理中依靠郑观应、谢家福、俞棣云等忠心耿耿、肯于钻研、对工作精益求精的人才；在工程技术上大胆聘请洋监工霍洛斯等人；在办学中聘用有真才实学的洋教习博尔森和克利钦生等，先后在天津、上海、苏州等地办学，为电报界培养了大批中国自己的专业人才，确保了中国在电报业中的利权。

---

① 见盛档，《电报学堂劝谕文号》，1886 年 10 月 24 日。

自 1880 年秋，盛宣怀担任天津电报总局总办始，至 1898 年底止，将近 20 年的时间内，中国的电报线架设遍及黑龙江、吉林、辽宁、内蒙古、北京、天津、河北、河南、山东、山西、陕西、甘肃、上海、江苏、安徽、江西、湖北、湖南、浙江、福建、广东、广西等东部、中部 20 多个省市，几乎遍及大半个中国，这大大提升了中国通信近代化的水平。

七、推行“双十条”，招商局重整旗鼓

从 1873 年开始，西方主要资本主义国家经历了一场旷日持久的经济危机。在英国，经济萧条从 1873 年开始，持续到了 1896 年，经历了一个长期萧条的时期。

在经济危机的冲击下，1883 年，晚清大量的企业经营困难，亏损严重，出现了所谓的“倒账”事件。年中，轮船招商局(后文简称“招商局”)会办徐润投资房地产和股票失败，无法偿还 22 家钱庄 100 多万两白银，对这次金融危机起着推波助澜的作用。

当年 11 月，李鸿章决定对招商局进行整顿，委派盛宣怀到招商局维持秩序，李鸿章委以盛宣怀“妥筹整顿、定立规条、认真率循、禀候核办”的重任，让其重返招商局。①

盛宣怀重返招商局后，对招商局进行认真清理。不久，徐润、唐廷枢先后离局，接着马建忠派任招商局会办。但是，由于受世界经济危机的影响，再加上唐廷枢和徐润经营不善，又挪用公款，招商局处于十分困难的境地。

1885 年 8 月 1 日，盛宣怀受命担任轮船招商局督办。招商局、电报局和开平煤矿为经历金融风潮后硕果仅存的三家民用洋务企业，其中以招商局最具影响力，而盛宣怀同时任招商局、电报局两家“督办”，

① 参见夏东元:《盛宣怀传》，四川人民出版社 1988 年版，第 481 页。

其为我国民用洋务企业第一人之地位亦由此奠定。

随即盛宣怀为招商局拟定了《用人十条》和《理财十条》，着重从用人与理财两个方面，来规范招商局的经营管理行为。这里着重从“用人”的角度，了解盛宣怀办企业的思想与做法。

在《用人十条》中，盛宣怀强调“用人”是接办招商局的首要，规定招商局“专派大员一人，认真督办，用人理财，悉听调度”；“会办三四人，应由督办秉公保荐”，整顿的关键在“得人”：“如得其人，局务虽繁，自能纲举目张，有条不紊。”

盛宣怀在人才选用上是非常讲究的。首席会办是通晓中国传统经史、潜心研习西学、曾为李鸿章办理外交与洋务的马建忠，另一位是“殆堪大用”的苏州文人谢家福。谢因病辞职后，又选用多年在李鸿章身边服务的沈能虎。其后，陈猷、严潆、郑观应等人都为难得的优才。

《用人十条》明确禁止大股东担任分局董事，除非他们是能力和财力都有保障的人。章程还规定公司的官员和雇员，包括各分局的董事，都不准接受薪俸和红利之外的其他报酬，禁止为私人目的借用公司资金，而且在他们任职轮船招商局期间，不能接受别的雇佣，即他们应专注招商局的事宜。这就规范了管理层的权益与行为，保障了招商局的正常营运。

盛宣怀认为招商局作为“官督商办”企业，所雇用的洋技术人员应该技艺高超有本领，并必须对他们提出严格的要求。他对招商局的洋技术人员，也认真加以整顿。他认为“总大车”一职，比“总船主”的职位更重要，因为“总大车”负责验修各船机器，这是确保轮船正常航行的关键。而招商局现任的“总大车”罗贝，是靠关系上来的，毫无本领。于是，盛宣怀决定改派有真本领的、旧局“总大车”蔚霞为总大车兼署总船主。在试用期不签订合同，先凭条从招商局每月支领薪水三百两、从保险局支领薪水一百两，同时要求蔚霞“饬将各船逐号查验，并将各船洋人逐名考核呈报”。盛宣怀还要求蔚霞：“以后调换船主及大修，须商督办；调换船主以下及小修，与局会办商定。”①由于起用尉霞，得罪了一些人，盛宣怀并不以为然，他认为“啧有烦言”，不一定证明尉霞的不对，恰恰证明尉霞是正确的，如果因此而调换尉霞，会使谤毁得逞。

此外，盛宣怀还“通饬各船洋人不准饮酒，查出酒醉即辞歇”，并将“马士所司汇丰、怡太往来之事”，交由总翻译陈猷办理。对洋技术人员的整顿，不仅提高了工作效率，而且“洋薪岁少万金”。② 总之，在对洋技术人员的管理上，充分体现了盛宣怀“非商办不能谋其利，非官督不能防其弊”的思想与主张。

盛宣怀推行的“双十条”，特别是在“用人”上采取的一系列措施，使招商局逐渐走向正轨，经营形势转危为安，并很快得到发展，招商局的股票由当初的每股 50 两涨至 100~200 两。

八、1889 年开始筹办轮船学堂

1885 年 8 月 1 日，盛宣怀受命担任轮船招商局督办。由于轮船招商局除上海总局外，还设立了天津、牛庄、烟台、福州、厦门、广州、香港、汕头、宁波、镇江、九江、汉口以及国外的长崎、横滨、神户、新加坡、槟榔屿、安南、吕宋等 19 个分局，所以，招商局对合格的轮船驾驶与维护的技术人员的需求不断增加。

事实上，在轮船招商局创办之初，当时的总办唐廷枢等不仅具有新式经营思想，还在招商局具体工作中，积极模仿和引进西方技术及经营手法。1878 年 6 月，上海《远东月报》对唐氏经理下的招商局有如下的记述：“该公司虽纯用西法经理，尽为中国之事业。”唐廷枢重视培养招商局技术人员的驾驶技术，力图使该局所有轮船全由华人驾驶，“而免

① 见盛档，盛宣怀《致李鸿章电》，光绪十三年六月十五日。

② 以上参见夏东元：《盛宣怀传》，四川人民出版社 1988 年版，第 113~115 页。

掣肘”。唐氏说：“开办之初，似应向保险洋行雇用洋人船主大伙等项三五人，应派能干华人副之，俾可留心学习。将来学有成功，商船所提保险资本，又积有巨款，则可全用华人矣。”据招商局 1874 年 8 月 14 日的文件记载：“唐氏考虑到轮船招商局‘转运日广，船舶日多’，因而会集各绅商纠集巨款，在上海虹桥自设船厂，厂名同茂，一切均用汽机，且厂内全用华人。”按照唐氏建议，引进西方船务技术有两个阶段，其中最重要的是“借才异地”，吸纳外国人才为招商局服务，但与此同时，招商局要自设驾驶学堂和造船厂，雇用外人训练公司员工，以备第二阶段时全用华人接管公司各级事务。①

参照唐廷枢办轮船招商局的理念与做法，盛宣怀也十分重视航海人才的培养，认为必须通过办轮船学堂来解决人才问题。1892 年，他在钟天纬(1840—1900，字鹤笙，上海金山亭林镇人。1872 年入上海“广方言馆”攻读英语，为该校第一期学生)的格致书院课艺《轮船电报二事应如何剔弊方能持久论》上作眉批，提出轮船招商局“必俟华人能自驾驶者，(洋人)方能俯首听命”。他十分厌恶洋技术人员以“傲我所无”而不肯听命于我的傲慢态度，明确提出：“鄙人志在设一商船学堂，更欲设一矿务学堂，作者有心能条陈其西例，以备参酌定章否?”又说，自己对培养中国的船舶驾驶人才“久有此意，志在必行，人笑我收效不能速，十年树人，视十年若远，若不树之，并无此十年矣”。②

随着远洋航运业务的增加，盛宣怀发现轮船招商局的经营开支中，耗费最大的是聘用洋驾驶人员与技术人员的薪资，以及轮船用洋煤所支付的费用。1889 年 12 月，他上李鸿章禀帖：招商局费用之最巨者，莫如用洋人与洋煤两宗。“窃思借助于彼族，不如求材于内地。”他主张自办轮船学堂，自己广开煤矿，以节约经费。③

---

① 夏东元：《盛宣怀传》，四川人民出版社 1988 年版，第 489 页。

② (清)王韬辑：《格致课艺全编》第 2 卷，第 8 页。

③ 招商局史研究会：《招商局与近代中国研究》，中国社会科学出版社 2005 年版，第 281~282 页。

关于轮船学堂，当时国内已办有福州船政学堂，它是中国第一所近代海军学校，也是中国近代航海教育和海军教育的发源地。学堂是由左宗棠奏请创办，在船政大臣沈葆桢的主持下于1866年在福州设立的。但是，它培养的航海人才主要服务于海军，轮船招商局基本上分不到该校的学员，为了得到学员，轮船招商局每年为其提供2万两办学经费。

由于福州船政学堂培养的人才无法保证轮船招商局的需求，盛宣怀决心要办自己的轮船学堂。盛宣怀虽然没有上过新式学堂，但他在办矿务时接触到的“洋矿师”，在办电报中依靠的“洋工程师”，以及在轮船招商局聘用的驾驶与维护轮船的技术人员中，已经认识到作为一个技术人员必须具备数学、物理学、化学、地理学等知识。而各种新式人才必须自己培养，聘用洋技师只能是暂时性的。“任人唯贤，任贤唯专”是盛宣怀能在夹缝中发展其事业的关键一着。由于认识到新型人才是办新事业的关键，所以在经营实业的过程中，盛宣怀往往创办附设于企业的带有学堂形式的训练班。到1889年他明确提出要办正规的矿务、轮船等学堂。①

1892年英商怡和、太古轮船公司再次通过跌价欲与招商局一争高低，当年夏季招商局每股股票跌至六十两，盛宣怀拟请郑观应重入招商局以加强竞争能力。12月6日，盛宣怀委任郑观应为帮办。1893年1月15日，郑观应拟就整顿招商局十条，他也认为为提升招商局竞争能力，必须降低用人薪资。1894年郑观应为达到各船驾驶渐用华人，免为外人挟制，又免补洋人工资的要求，他先将买来的“泰安”号轮船改为教练船，招学生若干名学习驾驶诸法。他根据盛宣怀的意见打算聘请教习成立驾驶学堂。教习为学堂成败关键，该教习须为驾驶学堂出身，拥有超高文凭，教法上乘，方能担此重任。教习应该尽心竭力教导诸生，务期于限期内洞悉行船一切技艺，绝无隐瞒挂漏之举。郑观应的用

① 李翊：《官商矛盾中的盛宣怀》，《三联生活周刊》2017年12月28日。

心是好的，但在那时实现他的理想是很困难的。①

甲午战争前，盛宣怀在经办轮船、矿务、电报等实业中，已经充分认识到人才的重要性，他清楚，除了通过实践、借助洋人来培养企业急需的人才外，更多是要依靠教育，通过企业办学堂来培养人才。然而，通过这一阶段摸索，他进一步意识到，除了依靠企业学堂培养应用型人才之外，国家还需通过办新式大学培养更高层次的人才。

甲午战争失败后，1896 年盛宣怀于上海设立南洋公学，后因隶属关系调整更名为上海高等实业学堂，这所学校设立之初即与航运界密不可分，因为办学的主要经费来源便是当时国内最大的航运巨头——轮船招商局。"商业振兴，必借航业，航业发达，端赖人才。"盛宣怀在督办轮船招商局期间，深切体会到中国航运业的发展受制于中国航海人才的匮乏，为此他迫切希望开办一所专门的高等商船学校，以培养中国自己的商船人才，这是盛宣怀"船校情缘"的开端。此后，盛宣怀多次向清政府奏请成立一所商船学校，而朝廷均以"经费紧张"为由将其拒之门外，无可奈何的盛宣怀只有静待时机。

终于在 1908 年，盛宣怀出任邮传部右侍郎，开始成为邮传部的核心人物，中国的高等航海教育迎来了发展的契机。1909 年邮传部提出改上海高等实业学堂为商船学校，这一提议引起了一片反对之声。时任上海高等实业学堂监督的唐文治与全校教员经过再三考量，提出一条折中的办法，即在不改变学校工学性质的同时，于上海高等实业学堂内增设船政科，待到条件成熟后再扩充学生，独立办校。盛宣怀同意了这一办法，他深知任重而道远，虽然这未能实现盛宣怀创办一所独立商船学校的想法，但是中国高等航海教育已经向前迈进了一大步。

1909 年 7 月，邮传部上海高等实业学堂船政科正式招生，它的诞生开创了中国近代高等航海教育的先河，为挽回航权，改变中国海河船

---

① 史春林：《轮船招商局与中国近代航海教育》，《交通高教研究》2004 年第 5 期。

舶尽受洋人控制之局面迈出了第一步。1911 年，久有“设一商船学堂”之志的盛宣怀出任邮传部尚书，邮传部决定在吴淞炮台创建商船学校。1911 年 9 月 14 日，中国第一所航海高等学府——邮传部高等商船学堂正式开学，至此，盛宣怀的船校情缘终于得偿所愿。①

九、在天津任职时“人才”意识的提升

1892 年 6 月，已经 48 岁的盛宣怀从山东登莱青兵备道调补天津海关道兼海关监督，8 月正式到任。

事实上，之前于 1885 年 8 月，因盛宣怀总理电线，成绩卓著，李鸿章特疏请奖，奉旨以海关道记名简放。当年 9 月 23 日，李鸿章又上奏表扬盛：“该员才具优长，心精力果，能任重大事件，足以干济时艰。”但是，由于各种原因，盛宣怀未能在当时上任天津海关道之职。1886 年 7 月，盛宣怀被简授山东登莱青兵备道兼烟台东海关监督，这是正任道官之始。但仍办轮、电事居多。② 盛宣怀在山东登莱青兵备道兼烟台东海关监督任上，通过深入调查研究，使内河航运率先在山东境内顺利开办；历时六年组织灾民疏浚小清河，造福山东人民；他还奉命在烟台试铸银钱，为此后创办中国通商银行打了前站；针对内河小轮通航后出现的轮船航运安全问题，创办了轮船失险拯济局；他发现山东烟台等地盛产水果，而缺少水果深加工的产业，于是积极支持张振勋创办起了张裕葡萄酒厂。

他在山东任上所取得的业绩，使他被奉调担任天津海关道兼海关监督之职成为众望所归。为此，清末翻译家、《民报》主编、苏州吴县人沈毓桂为恭贺盛宣怀，曾写道：“盖津海为畿辅屏障，北洋锁钥，需才既亟，理治维艰。今得观察持节其地，上佐爵相调剂中外之情，运筹帷

---

① 参见上海海事大学校史馆：《盛宣怀的船校情缘》。

② 夏东元：《盛宣怀传》，四川人民出版社 1988 年版，第 484~485 页。

幄之地，无不得心应手，固应裕如。真所谓非常之事，必待非常之人任之。”

李鸿章在1892年上奏清廷的《盛宣怀调津关折》中，是这样评价盛宣怀的：“兹查有头品顶戴东海关监督登莱青道盛宣怀，江苏武进县人，自同治年间奏调军营，随臣到直，历办海防洋务，均能洞中叠要，絫经委署天津道海关篆，措置裕如。光绪十二年六月奉旨简放东海关道，该道志切匡时，坚忍任事，才识敏赡，堪资大用。前委创办轮船招商局，两次收回旗昌各轮船码头，并增置新船多只，历年与洋商颉颃，挽回中国权利，关系通商大局，该道力任艰钜，为人所不能为。又光绪六年以来，随臣创办电线，绵亘十七省，腹地以迄东三省、朝鲜、新疆各处，东与俄罗斯、日本，南与法、英、丹各国，水陆线相接，遇有军国重要事件，消息灵捷，均赖该道心精力果，擘画周详。”①

天津既是中外贸易的重要通商口岸，也是直隶总督兼北洋通商大臣的行署所在地。关于“天津海关道兼海关监督”这个职位，有关文献是这样介绍的：天津“关道专管中外交涉及新钞两关税务，兼充北洋海防翼长，联络统将布置行营事宜，其责任繁重，非他省关道可比”。盛宣怀“所管轮、电两局，事机重要，而电线接展，动关外交。北洋、译署互商密件，文忠辄引府君参预其间，竭诚酬知，日有献替”，② 这表明盛宣怀这位天津道，不仅仍掌管着轮、电等大型实业，而且还是北洋参谋部的要角，足见其地位与任务之重。

应该说盛宣怀在登莱青兵备道任上的六年，是清政府内政与外交相对平静的时期，而从盛宣怀上任天津海关道之后的四年，却是日本侵略战火弥漫，地当沿海要冲的天津很不平静的四年。

盛宣怀刚被任命为天津海关道时，他在山东任上还有一些事未处理

---

① 李鸿章：《盛宣怀调津关折》，光绪十八年五月二十四日，《李书·奏稿》第74卷第30页。

② 参见《中国近代史丛书》编写组：《洋务运动》第八册，上海人民出版社1973年版，第54页。

完，此时正值轮船招商局与怡和、太古的价格战打得激烈，1892 年 7 月，招商局每股股票跌至六十两。盛宣怀深感招商局缺乏与外商谈判的人才，于是“函请郑观应来烟台商谈三公司和局事，拟请郑重入商局以事整顿加强竞争能力”。

8 月，盛宣怀正式上任天津海关道后，为了增强招商局与怡和、太古的抗争能力，他强调招商局要加以整顿。1893 年 1 月 15 日，郑观应“拟整顿招商局十条，主要内容是开源节流，盛逐条加批语。多数同意郑的意见”。1 月 23 日，盛宣怀禀李鸿章札：郑由帮办升任“会同办理”招商局。3 月 30 日，盛宣怀派郑观应溯长江西上，稽查各招商分局利弊，作为整顿的依据。经过盛宣怀、郑观应等人的努力，4 月，招商局、怡和、太古三公司重新签订了齐价合同。

与此同时，盛宣怀抓住架设电线的工程不放，为了电线工程上的需要，1892 年 9 月 27 日，盛宣怀与天津瑞生洋行订购 12 吨重电线合同。1893 年 4 月，又与天津瑞生洋行订立购买电线器材合同。

此时，盛宣怀最关心的事是如何抓紧培养一批于天津、于国家有用的人才。由于了解到美国驻津副领事丁家立，于 1886 年在天津英租界创办了一所不带宗教色彩的“中西书院”，在社会上获得了较好的声誉，他开始与丁家立交往，通过接触对丁的教育思想与实践倍加赏识。他在上任天津海关道后，开始思考在天津创办新式学堂，自然进一步关注丁家立在津的办学活动，并与丁家立频繁接触，向他请教美国的教育与办学模式，进一步提升自己的办学能力。

然而，1893 年 9 月，上海机器织布局的一场大火，使得盛宣怀在天津海关道职位上屁股还没有坐热，就又被派往了上海，负责重建织布局。11 月 26 日，盛宣怀“奉到规复上海机器织布局札委”。12 月 8 日，他“自津抵沪，从事规复织布局重任”。经过四五个月的努力，当织布局的重建走上正轨之时，他于 1894 年 3 月回到天津海关道任上。

不久，正逢李鸿章巡阅海军，要他随行，盛宣怀因患病而请假回沪休息，未陪同李鸿章出巡。但没过多久，中日战事发生，盛宣怀不得不销假，抱病主持天津海关道的工作，全身心投入军事后勤保障及通信畅通工作中。

甲午战争前夕，盛宣怀一路办实业，他的仕途也处于上升时期，中日即将开战，使得他必须放下许多该做的事。但是，他对即将开始的中日战事，究竟孰胜孰败，是没有思想准备的。尽管他对朝廷内部的争斗与险恶有一定的认识与厌恶，对国内缺乏人才的困境，已经看得比较清楚，然而，在当时的环境条件下，他在培养人才这个关键的问题上，还不大可能大刀阔斧，真正有所作为。

第三章　创办第一所正规大学

一、甲午战争失败，找到中日之间的差距

光绪二十年(1894年)，岁在甲午。

1894年6月，朝鲜政府请求中国派兵协助镇压东学党起义，清政府派兵三千人赴朝，进驻牙山，日本借机也出兵一万人赴朝鲜。不久，朝鲜政府同东学党达成妥协。清政府遂命入朝军队集结牙山，准备撤回，同时要求日本撤军。日本拒不接受，随后挑起武装冲突，企图以武力控制朝鲜，清政府为增援牙山孤军，决定增兵朝鲜。

战事进展神速，北洋大臣李鸿章遵奉两宫圣旨，迅即出兵。

两军交战，盛宣怀经办的事最多，最急，最杂。1894年7月，盛宣怀出任“总理后路转运”，李鸿章要求盛宣怀：应以军需转运为主，并为本部堂参谋策划。目前最要紧的是火速派船运送旅顺马玉昆的毅军和天津盛军去大东沟登岸，同时，速令奉天电报局和朝鲜境内我方设立的各地电报分局保持线路畅通无阻，不得延误军情。再，立即查清各地所存大炮枪支弹药数量，以备调度，并收集开仗情况。

盛宣怀接到命令后，立即部署轮、电两局战事，首先是要招商局调配船只，为运送军兵、军饷及枪支弹药作好准备，电报局各分局迅速派员检查沿途线路情况，确保线路畅通无阻。盛宣怀对清军战胜日军充满着希望。

清政府为增援牙山孤军，派北洋海军“济远”“广乙”“威远”“操江”等舰船，护送运载援兵的“爱仁”“飞鲸”“高升”商船（均为雇用的英国商船）赴朝。

7 月 23 日，“威远”护卫“爱仁”“飞鲸”两轮自牙山返航。25 日晨，“济远”“广乙”两舰也自牙山出航，接应正向牙山驶来的“高升”“操江”轮船，当驶至牙山湾口丰岛西南海域时，突遭日本联合舰队第一游击队巡洋舰“吉野”（旗舰）、“浪速”、“秋津洲”的截击，“高升”号轮船被日军击沉，“济远”“广乙”号被击伤，这就是史上有名的丰岛海战，日本发动了侵略朝鲜和中国的战争。

李鸿章立即命盛宣怀致电率军进入朝鲜的卫汝贵，须抢在日军之先，迅速占领平壤。

25 日，盛宣怀以中国电报总局督办的名义，电告各分局：日本已开战，不准再为日商拍发密码电报，否则必将严惩。电文说：“通饬各局，倭兵已在牙山开仗，各局自今日起，除中国官报、公报密码照发外，凡商报无论华洋文，密码均不准收，明码应听局中细看，如有关涉军务者亦不收发，如有违误，定惟局员、学生是问。至各国公使及总税务司，如收发密码报，须将密本送局查看，在京请示总署，在津请示督署，方准收发。”

8 月 1 日，中日正式宣战。

盛宣怀原先认为中日交战，中方大致能占上风，然而战场上传来的消息是，“高升”号轮船被日军击沉，“济远”“广乙”号被击伤，清军节节败退。9 月，平壤之役，追随卫汝贵赴朝鲜参战的盛宣怀五弟盛星怀在前方阵亡。消息传到天津，盛宣怀悲痛欲绝，忧劳激愤，一病几殆。

为了尽快结束战争，清廷于 1895 年 2 月 12 日，改派李鸿章赴日议和，此刻盛宣怀因病，已离任卧床多时。得知李鸿章离津进京请训，盛宣怀抱病相送，离别时，双方对战事带来的结局不甘，却又无可奈何。

1895 年 4 月 17 日，李鸿章在日本与日首相伊藤博文签订了《马关条约》，中国割让辽东半岛、澎台全岛给日本，赔款二万万两。盛宣怀得知此消息，在“病榻拊膺长叹”。盛“以宿疾频作，未老先衰，阴有退志，屡请开缺，不准”。

甲午战争中国以割地、赔款而告终，这对于20多年来试图通过发展实业来振兴中华的盛宣怀来说，是一次沉重的打击。在如此惨重的国难面前，他苦苦地思索，是什么原因导致中国失败的结局，他得出的结论是：中国缺乏能使国家强盛的一大批人才，科举制度培养不出中国真正需要的人才。

他通过战争对比认识到：“日本维新以来，援照西法，广开学堂书院，不特陆军海军将弁皆取材于学堂；即今之外部出使诸员，亦皆取材于律例科矣；制造枪炮开矿造路诸工，亦皆取材于机器工程科地学化学科矣。仅十余年，灿然大备”，“中国智能之士，何地蔑有，但选将才于俦人广众之中，拔使才于诗文帖括之内。至于制造工艺皆取材于不通文理不解测算之匠徒，而欲与各国絜长较短，断乎不能”。盛宣怀在震惊与悲痛之余，客观比较了中日之间的差距，深刻认识到人才对富民强国的重要性，提出解决办法“伏查自强之道，以作育人才为本；求才之道，尤宜以设立学堂为先”。①

二、变法图强，以培养人才为先

甲午战争失败，在痛定思痛之后，盛宣怀意识到中国必须通过变法才能图强。1895年5月5日，盛宣怀禀李鸿章，说：“和议已定，社稷乂安，浮议只可置之不问，中国必须乘时变法，发愤自强，除吏政、礼政、刑政暂不更动外，户政、兵政、工政必须变法。‘其转移之柄在皇上，而开诚布公集思广益之论，唯我中堂谁能发之’。”②

从19世纪70年代初到甲午战争失败，在将近25年创办实业的过

① 以上参见盛档，盛宣怀《请设学堂片》，光绪二十二年九月。

② 夏东元：《盛宣怀传》，四川人民出版社1988年版，第499页。

程中，盛宣怀先后涉足了轮船、电报、矿务、纺织等关系到国民经济命脉的大型实业，他认为中国只有加快发展实业，才能使国力强盛。他走的是一条“实业强国”的路。甲午战争失败，他开始意识到，中国社会的变革不能仅仅停留在经济领域，中国要走上自强之路，仅仅依靠实业的发展、科学技术的进步是不够的，还必须有政治上、军事上和法律上的进步。

当年，他读了郑观应所著的《盛世危言》，思想上十分震动。郑观应在实业上与盛宣怀有长期的交往，二人相识并且熟知于江南赈务事务中。1878 年，郑观应又与徐润、盛宣怀等人创办义赈公所，除办晋赈外，兼办豫、直、陕等省灾荒。郑、盛二人在筹办赈务中结识，并很快发展为私交益友。此后，二人又经历了津沪电报的艰苦创办历程。1880 年，郑观应受盛宣怀之邀，积极参与洋务活动，协助盛宣怀拟定《电报局招商章程》和《详定大略章程二十条》，开展津沪电线架设工作。盛宣怀负责北端的管理，郑观应则为南端一路的主要负责人，合作十分愉快。在与丹麦大北公司的谈判中，二人联手获得成功。津沪电报的筹备与办理，将郑观应与盛宣怀紧紧地联系在了一起，在具体工作过程中，特别是在架设沪汉长江沿岸电线以及清政府与西方电报公司进行的谈判中，郑观应作为助手始终积极配合盛宣怀。1882 年以后，郑观应与盛宣怀在诸多矿业投资方向上步调一致，形成了利益共同体，二人关系得以巩固和加强。①

1892 年，盛宣怀在轮船招商局中铲除了会办马建忠的亲信和势力后，当年 12 月 6 日，即委派郑观应为招商局帮办。1893 年 1 月 15 日，郑观应拟就整顿招商局十条，主要内容是开源节流，盛逐条加批语，多数同意郑的意见。当年 1 月 23 日，盛宣怀禀李鸿章札：添委道员郑观应会同沈能虎驻局以总其成。郑由帮办升任“会同办理”。紧接着 3 月 30 日，盛宣怀派郑观应溯长江西上，稽查各招商分局利弊，作为整顿

① 邵建：《郑观应与盛宣怀关系研究》，《广东社会科学》2014 年第 2 期。

的依据。在郑观应的协助下，轮船招商局又有了起色。4 月 5 日，郑观应自汉口致书盛宣怀，告以张之洞的汉阳铁厂恐办不下去，请作好接办准备。4 月，盛宣怀依靠郑观应的帮助，招商、怡和、太古三公司重订齐价合同。① 二人在实业上的合作进一步深入。

但是，盛宣怀与郑观应真正在政治思想上的认同，是在盛宣怀读了郑观应所编的《盛世危言》之后。如果说，这之前盛宣怀对人才的关注与培养，更多是着眼于办实业的需要，而至此，盛宣怀开始关注变法图强，从政治、经济、金融、军事、外交等多方面思考，认为国家需要培养一批新型的人才。

《盛世危言》一书由郑观应编成于公元 1894 年(光绪二十年)，全书贯穿着“富强救国”的主题，对政治、经济、军事、外交、文化诸方面的改革提出了切实可行的方案，在当时是给甲午战争失败以后沮丧、迷茫的晚清末世开出的一帖拯危于安的良药。该书最突出的特点是“商战”思想占据主导地位，指出要改变近代中国落后局面，仅仅采取“强兵”政策、依靠军事力量与西方列强竞争是远远不够的，必须设立议院，建立君主立宪制度，发展资本主义经济，抵御外国殖民经济入侵，才能真正实现民族独立和国家富强。

1895 年 4 月 8 日，盛宣怀致函郑观应，感谢郑所赠《盛世危言》四部，说：“乞再寄赠二十部，拟分送都中大老以醒耳目”，导致该书也触动了光绪皇帝。6 月 7 日，盛宣怀又致书郑观应，告以“《盛世危言》一书蒙皇上饬总署刷印二千部，分送臣工阅看”。②

《盛世危言》不仅对盛宣怀一个人带来触动，也引起了朝野争阅，光绪皇帝命令总理衙门印发 2000 册，让大臣们人手一册，一时成为朝廷上下凝聚心力的动员令。《盛世危言》对后世的影响也很大，很多革命志士都读过此书。据说，毛泽东青年时期也非常喜欢这本书，他在自

① 以上参见夏东元：《盛宣怀传》，四川人民出版社 1988 年版，第 494 页。

② 夏东元：《盛宣怀传》，四川人民出版社 1988 年版，第 500 页。

传中说：“在深夜，我常把我室中的窗门遮盖起来，使我的父亲看不见灯火。我这样读了一本我喜欢的书，叫做《盛世危言》，《盛世危言》引动我继续求学的欲望……”①

1895 年 5 月 2 日，以康有为为首的应试举人上皇帝书，要求维新，是为“公车上书”。变法维新的思想进一步触动了盛宣怀，他认为中国要变法维新，必须有一大批新型的人才。

1895 年 4 月 30 日，盛宣怀上禀翁同龢时指出：“自强善后之道，不外作人才、储国用、饬武备三端。”②他将培养新式人才视为变法的第一步。6 月，盛宣怀在致常州同乡恽次远函中更明确地说：“刻下条陈甚多，不外练兵、筹饷、矿务、铁路诸大端，已下各省督抚议复。鄙意有治人然后有治法，所议各节，若无专任之才，实心实力，不避嫌怨，即次第举行，亦恐无裨政要，不足以振靡。……富强之基，得人为上。”③

甲午战争之后，盛宣怀意识到培养人才不能仅采取实用的短期训练，这只能培养出初级工人，朝廷还必须培养高层次的科技、工程与管理人才，以及新式的政治、外交、法律、商务人才，为此需要建立正规的基础教育体系和各式专业方向的高等学堂。1895 年，盛宣怀主持制订了一份颇具雄心的“全国设学计划”，规划在全国各地捐建大学堂 2 所、小学堂 23 所、时中书院(类似热门人才培训班)3 所，所需办学经费每年 24 万两，全部由盛宣怀所管轮船、电报、金矿局捐出。准备创建的 2 所大学堂，分别设于天津、上海两地，称为北洋大学堂、南洋大学堂。④

盛宣怀在《条陈自强大计》中又说：“窃谓各府州县骤难遍设学堂，

① https://i.ifeng.com/c/84zlxavf8EF。

② 见盛档，《盛宣怀上翁同龢禀》，光绪二十一年四月初六日。

③ 《中国近代史丛书》编写组：《甲午中日战争》(下)，上海人民出版社 1973 年版，第 457 页。

④ 王宗光：《盛宣怀与南洋公学新论(上)，《上海交大报》第 1308 期。

宜令各省先设省学堂一所，教以天算、舆地、格致、制造、气机、矿冶诸学，而以法律、政治、商税为要；先设武备学堂一所，教以筑垒测地、枪炮制造、弹丸发送、队伍分合、马骑控御诸学，而以兵律戎机、有勇知方为要。在下之趋向，全视在上之用舍。同文馆、广方言馆出洋学生靡费不少，而得人不多。……今不能尽改科举之制，似宜专设一科，裁天下之广额，为新学之进阶，明定功令，使文武学堂卒业者皆有出身之正途，齐仕进于科第，则闻风兴起，学校如林，人才自不可胜用。应请特简通知时务学行俱懋之大臣专司学政，会同礼、兵二部提挈纲领，一新海内之观听，有志之士不自奋于有用之学者，未之有也。”① 可见，盛宣怀最初的兴学目的，是为了培养人才，部分取代科举取士，使其为国家所用，其愿景是各省设立省学堂一所和武备学堂一所。②

三、盛宣怀的“练兵、理财、育才”三大政

1895 年的中日甲午战争结束后，当年 7 月 19 日，即《马关条约》签订后的第 94 天，光绪皇帝发出一道谕旨，宣称“当此创巨痛深之日，正我群臣卧薪尝胆之时”，“况当国事艰难，尤应上下一心，图自强而弭祸患”，并提出救亡图存的六项“力行实政”。③

1896 年 10 月 20 日，盛宣怀因修建铁路一事被光绪皇帝授予专折奏事特权。11 月 1 日，在他获得专折奏事权之后，上的第一个奏折就是《条陈自强大计》，陈练兵、理财、育才三大政，及开银行、设达成馆诸事。

盛宣怀在该奏折中说：“泰西诸邦，用举国之才智，以兴农商工艺之利，即借举国之商力，以养水陆之兵，保农工之业。盖国非兵不强，

---

① 见盛档，盛宣怀《条陈自强大计》，光绪二十二年九月。

② 黄永泰、郭镇武、卢鸿兴：《盛宣怀与南洋公学史料汇编》，(台湾) 交通大学出版社 2017 年版，第 5 页。

③ 盛承懋：《盛宣怀与沪宁铁路》，《苏州日报》2019 年 11 月 23 日。

必有精兵然后可以应征调，则宜练兵；兵非饷曷练，必兴商务然后可以扩利源，则宜理财；兵与财不得其人，虽日言练，日言理，而终无可用之兵、可恃之财，则宜育才。”①他将练兵、理财、育才三者有机地联系起来，作为治国的要务。

盛宣怀在奏折中历数绿营和湘、淮军练兵的弊端，指出“自甘废弛，军制愈纷，饷力愈绌，兵气愈弱”。他提议“举绿营勇营悉去之”的淘汰法，“参酌西法，简练新兵三十万”，“选户籍可稽，未经犯罪，年在二十以上二十五以下，体质身干合格者录为常备兵，入营教练，期以三年退为预备兵，亦期三年退为后备兵，亦期三年退为民兵，期以五年除其兵籍”。他认为常备、预备、后备相结合的兵役法，好处很多：“兵皆土著，游惰不录，其利一；更递进退，室家可归，其利二；事至征召，人皆练习，其利三；事毕归农，不流为匪，其利四。”新练的军队应该是“各镇营制饷章，统归一律；各营枪炮器械，统归一式”。

强兵必须以雄厚的财富为后盾，盛宣怀认为：“理财有二义，开源节流尽之矣。”“开源”即“广制造，兴矿政”，大力发展新兴的工商实业；开源的同时必须节流，“节流”首在塞漏卮，即与洋商争利。他说：“欲求足国，先无病民；欲收商利，在挽外溢。”为此，必须免厘加税，即“径免天下中途厘金，加关税值百抽十”。“免厘则出口土货易于流通，加税则进口洋货或渐减少。取益防损，利在无形。所谓足国而不病民，且阴以挽外溢之利者此也。”盛宣怀的“足国而不病民”的思想，实际是“藏富于民”想法，他认为只有加快经济发展，才能使国家强盛。

发展实业，除了人才，必须有充足的资本，否则开源节流就是一句空话。资本，主要不能靠借外债，而应在国内开发财源，这就必须办中国人自己的银行。银行有“聚举国之财为通商惠工之本”的枢纽作用，它不仅可以集腋成裘，变外债为国债，“不受重息之挟制，不吃镑价之亏折”，且能自行铸币，赶走洋钱，成为与洋商争斗的重要手段。

---

① 见盛档，盛宣怀《条陈自强大计》，光绪二十二年九月。

强兵也好，理财也罢，都必须有与之相适应的人才，否则将一事无成。为此，盛宣怀将培养新式人才置于首位。他建议中国各省除设一所武备学堂外，应设立一所综合性的学堂。

盛宣怀认为练兵、理财、育才三大政，必须抓紧办，否则“年复一年，外人眈眈视我，一无足恃，肆彼要求，得步进步。无兵则不能保守利权，无饷则不能充养兵力，二者互为掣肘，甚至洋债不能再借，边土不能自保，至其时，始悔七年之病，不蓄三年之艾，殆已晚矣”！①

甲午战争失败之后，盛宣怀的思想认识得以升华，他将发展实业与强军强国、藏富于民更紧密地联系在了一起，而要做好这一切，关键是“人才”，他一针见血地指出：“自强之道，以作育人才为本。求才之道，以设立学堂为先”，② 把办学放在了优先地位。

四、中国第一所正规大学的创设

甲午战争前，盛宣怀在办洋务实业的过程中，切身体会到科举选拔的人才无法适应新式企业的需要，所以他在经营与管理企业的过程中，往往设置附属于企业的学堂，为企业培养急需的技术人才，如办电报局时，在天津、上海等地办有电报学堂，在勘矿与督办轮船招商局时，又开设矿务、驾驶等学堂。但这些学堂大多是迫于一时急用，属于非正规的训练班，培养的人才在知识的广度与深度上都还很不够。进入 19 世纪 90 年代初，他明确提出要办正规的商船学堂和矿务学堂等学校，希望培养的人才更有质量，更能胜任实业发展的需要。随着时间的推移和实践经验的积累，盛宣怀认为教育要走在实业发展的前面，就要系统地学习理论知识和专业技术本领，这样培养的人才不仅可以掌握先进科技与管理知识技能，而且能够从事创造性的工作。

---

① 以上参见盛档，盛宣怀《条陈自强大计》，光绪二十二年九月二十六日。
② 夏东元：《盛宣怀传》，四川人民出版社 1988 年版，第 204~207 页。

1892年6月，他被任命为天津海关道兼海关监督，8月正式到任，这使得他开始有条件来实现多年的愿望，即通过办学来培养合适的人才。他开始更多地从国家层面来思考培养人才的问题，对培养人才的规格和标准要求更高了。他开办新式学堂的宿愿，终于在天津首先得以实现。

事实上，晚清时期一批西方传教士进入中国后，为开办新式学堂献计献策，并通过他们的办学活动，为国人创办新式学堂，起到了启迪、引导、示范的巨大作用，为培养新式人才与广开民智做出了突出的贡献。其中，美英两国来华传教士的贡献尤为突出。他们把兴办新式教育和培养新式人才视为传教的手段和途径，并为此而付出了艰辛的努力。中国最早出现的新式小学、中学、大学、男塾、女学、扫盲识字班、专业培训、留学教育等，甚至连简化汉字和拼音字母等，都少不了传教士的帮助。①

美国驻津副领事丁家立，他出生于美国，后在德国柏林大学获神学硕士学位。最初他是以传教士的身份进入中国的，由于对西方大学的熟知，再加上1886年他在天津英租界创办了一所不带宗教色彩的"中西书院"，在社会上获得了一定的声誉，也赢得了盛宣怀对他的赏识。1892年盛宣怀上任天津海关道后，开始思考与筹备举办新式学堂，他与丁家立频繁接触，向他请教美国等西方国家的教育与办学模式。

甲午战争失败后，盛宣怀坚定了他"自强首在储才，储才必先兴学"②的主张，通过开办新式学堂，为国家培养急需人才的心情与想法更加强烈了。由于与丁家立已相当熟悉，他便向丁请教，并与其进行商讨。盛宣怀与丁家立一起细致研讨了拟开办的北洋大学堂的办学章程、方法、实施计划等，并仿照哈佛、耶鲁模式勾画出北洋大学堂的创办蓝

---

① 以上参见"天大史苑"专版：《掌校人的办学思想(2)》，《天津大学报》2014年12月30日。

② 见盛档，盛宣怀《南洋高等商务学堂移交商部接管折》，光绪三十一年二月。

图及具体实施方案。

1895年秋，盛宣怀通过直隶总督王文韶，向清光绪皇帝奏《拟设天津中西学堂章程禀》，禀奏设立新式学堂。他在奏折中说："请就光绪十一年所建博文书院原有房屋，设头等学堂，又另设二等学堂一所，使学生递相推升，与曾充教习之美国驻津副领事丁家立商订课程，以切近易成循序渐进为本旨，倡捐巨资，宽筹学费，禀请具奏立案，克期开办"，"拟订请美国人丁家立为总教习，伍廷芳为头等学堂总理，蔡绍基为二等学堂总理"。他还指出："是以常年经费甚巨，势难广设。现拟先在天津开设一处，以为规式"，即将其作为以后开办大学的样板。盛宣怀在上奏时，还将亲自草拟好的《创建北洋大学堂的章程》一起呈上，此为盛宣怀办理正规学堂之始。①

1895年10月2日，光绪皇帝御笔钦准，成立天津北洋西学学堂，盛宣怀任首任督办，校址在天津北运河畔大营门博文书院旧址。该校延请洋教习，分教学员天算、舆地、格致、制造机器、化矿诸学。它是中国第一所新式大学。

1896年北洋西学学堂正式更名为北洋大学堂，它是中国第一所命名为"大学堂"的高等学校。

1899年，天津北洋大学堂的第一届学员毕业。1900年元月，学堂颁发了中国历史上第一张大学文凭。由于成绩最优，香港学员王宠惠(1905年获耶鲁大学法学博士学位，1912年出任南京临时政府外交总长)成为"钦字第壹号"文凭获得者。北洋大学堂治学严谨，校风朴实，当时在国内与哈佛、耶鲁齐名，毕业生可免试进入美国一流大学攻读研究生，被誉为"东方的康奈尔"。

北洋大学堂按照美国近代模式办学，全面引进西方教育模式，建立了一套较为完善的教育教学管理制度，设立头等学堂(大学本科)、二等学堂(预科)，学制各为四年。头等学堂设专门学(即科系)四门：工

① 夏东元：《盛宣怀传》，四川人民出版社1988年版，第500页。

程学、矿务学、机械学、律例学。1897 年学堂增设铁路专科，1898 年又设铁路学堂，上述学科皆为当时中国社会所急需，体现了北洋大学“兴学救国”的创办宗旨。

1900 年(光绪二十六年)八国联军入侵津京，学堂校舍为敌兵所霸占，设备、文档案卷遭毁坏，学校被迫停办。至 1903 年(光绪二十九年)4 月学堂方在西沽(今河北工业大学红桥校区东院)正式复课。

1903 年北洋大学堂开学复课时，分设法律、土木工程、采矿冶金三个学科，后应外交需要附设法文班、俄文班，1907 年开办师范科，至此北洋大学堂已成为包括文、法、工、师范教育诸科，粗具综合性新式大学特色了。

五、北洋大学堂办学的场地与经费

光绪皇帝批准了盛宣怀筹建大学的奏折后，盛宣怀首先面临的是学堂办学的场地与经费问题。按说这是一所国家办的学校，国库应该拿钱出来办，但是，当时正值甲午战争失败之后，国库空虚，国家根本无钱。北洋大学堂创建之初，既没有场地、又没有资金。

盛宣怀经过考察，与有关方面商讨，决定将天津博文书院的校舍拨给天津北洋西学学堂使用，作为北洋西学学堂头等学堂的办学场所。

博文书院是 1886 年(光绪十二年)由时任天津海关道的周馥禀请北洋大臣李鸿章在天津设立的，院址选在天津大营门外梁家园村，建造了一片四合院式的大楼和与大楼相连的平房，将平房作为校舍。后因经费困难，书院未曾开办。于是，博文书院将建成的校舍抵押给了银行。盛宣怀为解决办学场地，他通过集资从银行赎回了校舍，利用博文书院原校舍开办北洋西学学堂。

1895 年底，德国将北洋西学学堂校址划入租界，但初期西方列强未对学堂加以干涉。1900 年八国联军侵入京津后，北洋大学堂校舍先为美军所占，后成为德军兵营，校舍被霸占，设备、文档案卷遭破坏，学堂被迫停课，此为北洋大学堂有史以来所遭遇的第一次大灾难，亦为我国首创大学横遭帝国主义铁蹄践踏之第一次。当时直隶总督兼北洋大臣袁世凯为此事多次与联军交涉，但都无果而终。总教习丁家立挺身而出："深痛五载兴学，夷为异国营房，爰亲赴柏林，向德国政府力争赔偿。"他根据德国人"购地章程"规定的地价房价，向德国政府索取偿金5万两白银。偿金到手后，袁世凯当即指定在武库废墟重建北洋大学堂校舍。北洋大学堂老校长李书田对此评价说："北洋之得于庚子后复兴，而蔚为东方有名学府者，皆丁先生之功也。"①

盛宣怀和丁家立对学堂的办学经费、学生的录取以及学生在校期间的补助等项目都一一做出规定："头等学堂每年需经费银三万九千余两，二等学堂每年需经费一万三千余两——是以常年经费甚巨，势难广设。现拟在天津开设一处以为规式。"在头等学堂章程中列出："头等学堂年经费——所节省之经费，除另选二等学堂及每次考试花红外，其余积存生息，以备四年后挑选学生出洋川资经费。"②

学堂常年经费需银五万五千两，盛宣怀决定自筹经费予以解决，开办经费和常年办学经费除由他所督办的电报局、招商局以商捐的名义每年各捐银二万两，共四万两之外，不足之数再由开平矿务局的煤税和以前专为博文书院所设的天津米麦进口税中提捐银补足。头等学堂率先设立，二等学堂次之，两所学堂的开办经费则为原博文书院未利用之款。这样，就基本解决了学堂校址与办学经费的难题。

1900年德兵占据北洋大学堂，学生南逃，盛宣怀将其中头等班学生选派出洋，故北洋大学堂已暂无须支用经费。盛宣怀即将原本拨助学堂的经费改作商务学堂的用款，"以商人报効之资为振兴商务之用，于理至顺。况商学商律实为国家当务之急，他年富强之基"。③

① 王玉国：《丁家立与北洋大学堂》，《天津大学学报(社会科学版)》2003年第1期。

② 见盛档，盛宣怀《拟设天津中西学堂章程禀》，光绪二十一年秋。

③ 见《愚斋存稿》第6卷，奏跋第6、22页。

1901 年，盛宣怀通过南洋公学资送北洋大学堂第一批学生赴美留学。这是中国首批大学生出国留学，是中国高等学校留学教育之始。学堂总教习丁家立兼任“留美学堂监督”，他亲自带领北洋大学堂第一批 8 名毕业生赴美留学。这 8 名毕业生是：陈锦涛、王宠惠、张又巡、王宠佑、严一、胡栋朝、陆耀廷、吴桂龄。他们在美分别获得了硕士或博士学位。①

丁家立主张精英教育，他把资送留学生当做北洋大学堂教育的继续，把送出国门留学培养的留学生看做北洋大学堂的学生，他不仅负责把学生送往各相关学校读书，监督检查学生的学习，安排管理学生的膳食、住宿、医疗等，发放学费、文具费、试验费、衣装费、膳食费、住宿费、医疗费等，而且每月还发给他们比在校时更多的零用钱。出洋留学生除少数赴法国、德国、日本、比利时、英国外，绝大多数赴美入哈佛、耶鲁、布朗、康奈尔、麻省理工等著名学府深造。1901 年至 1907 年，全国官费留美学生总计约有 100 人，其中北洋大学堂就占有半数以上。②

六、北洋大学堂制定了成套的规章制度

北洋西学学堂成立时设督办，由盛宣怀担任，并兼任名义校长。丁家立出任学堂总教习，实际管理学堂事务，即为实际校长。盛宣怀之所以要请丁家立出任总教习，这是因为他要将学堂按照美国哈佛、耶鲁的模式来办，当时科举培养出来的人才，不能胜任此事，根据他对丁家立的了解与考察，认为丁家立比较合适。转年，学校更名为“北洋大学堂”。丁家立在办公签字和著作上都署职为“PRESIDENT”(校长)。

---

① 王杰：《北洋大学堂与中国近代高等教育的缘起》，《高教探索》2008 年第 6 期。

② 王玉国：《丁家立与北洋大学堂》，《天津大学学报(社会科学版)》2003 年第 1 期。

在创建北洋大学堂的奏折中，盛宣怀草拟了创建北洋大学堂的章程。他突破“中体西用”的束缚，提出新建学堂“参用西制，兴学树人”的办学宗旨，毅然创建“全新”西式学堂，光绪帝迅即降旨照准。北洋大学堂以美国哈佛大学为蓝本，内分设头等、二等学堂，“头等学堂，此外国所谓大学堂也”。北洋大学堂不仅借鉴了哈佛大学的办学蓝本，而且引进了西方大学的现代管理模式。

盛宣怀于 1896 年调上海任铁路总公司督办。学堂督办由继任天津海关道的李少东兼任，李实际不到学堂视事，学堂由总教习丁家立一手掌管。丁家立主管学堂长达 11 年之久，在学堂的创建和发展方面发挥了重大作用。

在创建北洋大学堂的奏折中明确规定设立头等学堂、二等学堂各 1 所，头等学堂分设律例(法律)、工程(土木)、矿务和机械 4 学科，其中既有社会科学学科，又有自然科学学科，这表明北洋大学堂从创建起，就明确是一所综合性大学。

北洋大学堂仿照当时美国高等教育的 3 个层次，即预科(为解决本科生源而设立)、本科和研究生。北洋大学堂的二等学堂学生 4 年毕业后，方可升入头等学堂，再学习 4 年才能毕业，经过 8 年的学习，才可成为高级人才。学校 8 年后挑选毕业生“分赴出洋分途历练”，即送往国外大学的研究生院进行研究生层次的培养。

北洋大学堂实行班级授课制。头等、二等学堂各分为 4 个班，由高到低依次为头班、二班、三班、四班(末班)，每班招生 30 人，学生按年依次升班，各学堂规模保持 120 人。但考虑到学堂初创，亟须培养人才，因此，学堂于 1895 年由天津、上海、香港等地遴选出学历相当的学生入学。

1900 年后，北洋大学堂二等学堂学生锐减，盛宣怀遂将保定直隶高等学堂依北洋大学堂二等学堂学制，改为 4 年，定为北洋大学堂头等学堂的预备学堂，学生毕业后无须考试，即可升入北洋大学堂头等学堂，使普通学堂和高等学堂的学制、课程设置与北洋大学堂的教学相联系，成为一个有机的整体。

北洋大学堂创建之初是按照盛宣怀和丁家立商定的《拟设天津中西学堂章程禀》中的奏定章程来管理学校的。初期虽然仅设有《头等学堂章程》和《二等学堂章程》，但是对于总办和总教习的职权、教习的延请、功课的考核、学堂的经费、学生的录取及学生在校期间的补助等项目，都做出了明确的规定。

盛宣怀为北洋大学堂订了两条规矩：一是不许躐等。即学习应该循序渐进，不允许越级。他说，中国过去学西学的学生成绩不显著的原因之一，就是“学无次序，浅尝辄止”，本大学堂的学员必须做到循序渐进，“不容紊乱”。必须坚持完成学业计划，不许“中途离学”。二是学习专门科学技术，文字语言不过是工具。盛宣怀这一观点的形成，主要是接受同文馆只学语言文字，因而用途不广的教训。基于这种认识，当天津海关道的继任者李少东欲将60名学生改学法、德、日三国语言时，盛宣怀明确要求加以改正，他认为如果照李少东的办法去做，就把本来不多的、急需的专门人才白白浪费了。他说：李少东“殆误会此堂仅学文字，不知内有分类专门工夫”。盛宣怀认为如果按照李少东那样去做，将“为小失大，弊莫甚焉”！他指出，大学堂各专门学科的人才，“以后每年每类仅得数名，正恐不敷派用，时势需才如此其急，讵可一误再误！铁路学生同是英文，宣尚不肯假借，以损大学，况改习他国文字便须另聘他国教习。此堂隳废，即在目前，为天下笑”！① 不许人才“躐等”与“他骛”，表明了盛宣怀对人才培养独到的见解。②

为使管理机制和规章制度进一步完善，丁家立于1904年参考国外大学新学制，主持修订了《天津大学堂新订各规则》，分门别类地规定了学校教学管理等各项制度，其中包括总办规则、监督规则、总教习规则、教习规则、监学官规则、检查官规则、考试规则、课程分数规则、

① 以上见盛档，盛宣怀《寄直王夔帅、津关道李少东岷琛》，光绪二十二年正月初六日。

② 夏东元：《盛宣怀传》，四川人民出版社1988年版，第277~278页。

医务处规则、杂务处规则、支应处规则、斋务规则、食堂规则等，可谓面面俱到，使学校的教学管理有章可循。总办规则共 16 条，对总办的各项活动做出了详尽的规定。教习规则共 14 条，对教习的延请、教学、告假等制度做出规定。考试规则共计 11 条，对考试的监考、试卷的评定、分数的计算以及考场的规则都做出了详尽的规定。从这些规则中我们可以看到这所新型大学在师生关系上与封建传统教育的鲜明对比。《天津大学堂新订各规则》对总办及以下各教员的职责、学生应遵守的纪律都一一做出规定，并刊印成册，分送学堂各处并发给全体学生，人手一册，“一律遵守，以严秩序”，这对于学堂的教学管理至关重要。北洋大学堂在中国现代大学中以严谨的校风而闻名，这同它在建校初期就十分重视各项规章制度的建设是分不开的。①

七、北洋大学堂设置现代大学的课程体系

晚清时期数理化等学科开始传入中国。浙江海宁人李善兰对近代数理化知识的传入做出过较大的贡献。李善兰出身于读书世家，自幼就读于私塾，受到良好的家庭教育。9 岁时，他发现父亲的书架上有一本中国古代数学名著《九章算术》，感到十分新奇有趣，从此迷上了数学。14 岁时，李善兰又靠自学读懂了欧几里得《几何原本》前六卷。他与传教士伟烈亚力合译《几何原本》后 9 卷，并且翻译《重学》，将牛顿力学三大定律介绍到中国。他在数学、天文学、力学和植物学上都有很多贡献。

1866 年，北京京师同文馆添设了天文算学馆，广东巡抚郭嵩焘上疏举荐李善兰为天文算学总教习，李善兰因忙于在南京出书(李鸿章曾资助李善兰重刻《重学》20 卷及《圆锥曲线说》3 卷出版)，到 1868 年才

---

① 王玉国:《丁家立与北洋大学堂》,《天津大学学报(社会科学版)》2003 年第 1 期。

北上就任。从此他完全转向于数学教育和研究工作，直至1882年去世。其间所教授的学生先后有百余人。

京师同文馆在李善兰的主持下，于1872年拟订了8年制课程计划，计为：第一年认字、写字，讲解浅书；第二年练习句法，翻译条子；第三年讲读各国地理及史略，翻译选编；第四年讲求数理启蒙及代数学，翻译公文；第五年讲求格物、几何原本、平三角、弧三角，练习译书；第六年讲求机器、微分积分、航海测算，练习译书；第七年讲求化学、天文、验算、万国公法，练习译书；第八年讲求天文、测算、地理、金石、富国策，练习译书。如果是年龄较大的学生，无暇学习洋文的，可以凭借译本而学习诸科学课程，这样共须5年时间。

盛宣怀对学校课程的设置也是十分关注的。他从办轮船、矿务、电报亲身的经历中，认识到科举教育培养的人才无实、无用，只有于科举教育之外，另办新式科技学校，加强数理化等基础知识与能力教学，才能培养出大批有用人才。北洋大学堂按照盛宣怀、丁家立制定的章程，学生除学语言文字外，主要学习理工方面的基础知识，即算术、地理、逻辑、物理、化学、机器制造和采矿等，这是公共课。头等学堂设专门学(即科系)四门：工程学、矿务学、机械学、律例学，在学习公共课之外，另选其中30名优秀者，专修律例、矿务和工程等。1897年盛宣怀又把北洋铁路学堂合并于北洋大学堂。上述学科皆为当时中国社会所急需，体现了北洋大学“兴学救国”的创办宗旨。

盛宣怀为北洋大学堂订立的课程如下：“第一年，几何学，三角勾股学，格物学，笔绘图，各国史鉴，作英文论，翻译英文；第二年，驾驶并量地法，重学，微分学，格物学，化学，笔绘图并机器绘图，作英文论，翻译英文；第三年，天文工程初学，化学，花草学，笔绘图并机器绘图，作英文论，翻译英文；第四年，金石学，地学，禽兽学，万国公法，理财富国学，做英文论，翻译英文。”

从课程的设置可以看出，盛宣怀、丁家立十分注重英文及数理基础课的学习，依照年级不同，循序渐进地安排课程。根据《北洋大学琐记》记载："课堂授课，除国文外，一律用英语教授，因此学生的英语水平都比较高。"而专门学的课程则各有侧重，据记载："学生升入头等学堂之后各就其性质所近，课以专门之学"，使学生学有所长。

盛宣怀突破"中体西用"的束缚，提出新建学堂"参用西制，兴学树人"的宗旨。学堂创立之初名之为"天津北洋西学学堂"，可见学堂是以学习西学为主，因为侧重英文与西方科技的学习是洋务派的主张，因而以西学为主的教育思想并非丁家立所灌输，而是中国人主动向西方学习的具体表现。

学堂还根据需要对学科设置有所调整，盛宣怀创办的山海关铁路学堂于 1897 年停办，其学生并入北洋大学堂，北洋大学堂因此增设了铁路专科；1898 年应卢汉铁路要求，学堂又开设铁路学堂；1903 年应外交需要，学堂附设法文班、俄文班，以培养专门人才。

北洋大学堂十分重视教学的实践性环节，教学计划中安排了毕业论文的撰写，但是规定"汉文不做八股试帖，专做策论，以备考试实在学问经济"，一改封建教育八股取士传统，只撰写"实在学问经济"的毕业论文。1903 年，北洋大学堂重新厘定课程，"各学门的功课又分为主修功课、辅修功课和选修功课。主修与辅修为必修功课，选修功课为学生自由选学。毕业时，都要自著论文一篇和毕业设计"。①

盛宣怀办工科大学的可贵之处，在于他非常重视基础课程与应用课程的设置与教育。他充分意识到要培养实业、创业之有用人才，必须一改科举与旧学堂教学内容与教学方法，适应时代前进的步伐。

八、重视教师的选聘与招生质量

盛宣怀要仿照美国哈佛大学、耶鲁大学的模式办新式学堂，依靠谁

---

① 以上参见王杰：《北洋大学堂与中国近代高等教育的缘起》，《高教探索》2008 年第 6 期。

来承担教学任务？科举培养的人才不能胜任；同文馆刚刚起步，而且在教育思想与知识结构上，也不能满足办学的要求；当时国内开始有留学生回国，但是数量很少，不少人回国之后就被有关部门聘用去了，因此，初创北洋大学堂时，盛宣怀不得不请了很多外国教习任教，其中，首先是聘请美国教育家丁家立担任总教习。盛宣怀把自己出色的外交能力，充分运用于办学之上了，事实上他在创办洋务实业的过程中，就不断地要与洋人争权争利，并与之周旋。对一些与朝廷友好的、有真才实学的洋人，盛宣怀对他们是十分尊重的。盛宣怀兼任学堂督办时，所聘任的美国驻津副领事丁家立以及由丁家立帮助物色的一批洋教习，盛宣怀都要一一审核。

师资力量对北洋大学堂的发展至关重要。学堂创立之初，丁家立根据教学进度的需要，向盛宣怀提出头等学堂拟聘洋教习 5 名，主讲工程学、算学、格物学、化学、矿务机器学、地学、机器学、绘图学、律例学等；华人教习汉文 2 名，华人教习洋文 6 名。二等学堂拟聘洋文华人教习 8 名，汉文华人教习 4 名。后来随着功课门类的增加，教习亦随之增加。

丁家立于 1908 年 5 月离校。在任期间，丁家立共延聘教习 44 人，洋教习占 10 人，其中美籍教习 7 人。专业课聘任的都是外籍教员，外语课聘任的多为出国留学归来或教会大学毕业的中国教员。因为中外教员薪酬不同，外国教员薪酬很高，而办学经费有限，所以不能够全部聘请外籍教员任教。但从教习的任课中可以看出，北洋大学堂突出了西学为重的教学方针。丁家立延聘洋教习为北洋大学堂开了先河，继他之后，北洋大学堂还聘请了美籍冶金教习梅理士、美籍机器工学教习亚当斯、美籍化学教习福拉尔、美籍物理兼铁道学教习赫曼士、英籍力学教习欧施德、美籍英文教习崔伯和饶伯森、日籍日文教习斋藤传寿等外国知名学者。北洋大学堂学生王宠佑曾回忆说：“且时延请专家演讲，美前大总统胡佛曾在矿科演讲数次。”外国教习更重教学实践，与中国传统教育只重书本知识不同，“然授之于口，聆之于耳，求之于简篇，固亦可得梗概，究不如实地研讨之，能宏造诣也，是以每于暑假期内，从外国教授 Drake 氏赴矿山看矿，研究地质，长途跋涉，固甚劳苦，此不仅于学业可以孟晋，而于身体亦收锻炼之功”。① 北洋大学堂中外硕学鸿儒云集，汉文教习吴稚晖是光绪年举人，化学教习美籍学者福拉尔博士与爱因斯坦交往甚密，对相对论颇有研究。

如此一来，学校便出现了如北洋大学堂校友孙越崎所说“北洋大学名义上是国立大学，实际上和教会学校一样”的独特现象：教师中绝大部分是美国人，教材则是原版美国教科书，课堂上主课一律用英语授课，作业和考试亦是如此。当时的学生谈起感受：“课本是原文的，教授用英文，答卷用英文，到处是英文，我们吃完晚饭在北运河畔散步，连枝头的小鸟也都在讲英文！”②

在招生方面，盛宣怀也花了不少心思。北洋大学堂初创时期，招生的地区主要在江浙、两广、河北及天津等地。盛宣怀起草的并经光绪皇帝御笔朱批的《拟设天津中西学堂章程禀》及招生章程，除以公文形式下发到有关省份之外，还通过报纸(天津《直报》、上海《申报》)等渠道，对外宣传。由于这是中国人第一次办不同于旧式学堂的新式大学堂，受到绅商与各界人士的关注，各地要求报名、参加应试的青年也十分踊跃。但是，学校始终以重质不重量的学风闻名于世，对学生的选拔极为严格。开办初期，1895 年香港招生报名应试者就有千余人，然而，最后仅录取了十多名。

北洋大学堂不仅在延请教习上要求严格，而且对学生的筛选也非常严格。学堂尚未创立，在奏章中即对学生的遴选做出了规定，“(头等学堂)学生将由二等学生挑来”，“凡欲入二等学堂之学生自 13 岁起至 15 岁止，按其年岁考其读过四书，并通一二经，文理稍顺者酌量收

① 以上参见王杰：《北洋大学堂与中国近代高等教育的缘起》，《高教探索》2008 年第 6 期。

② 王玉国：《丁家立与北洋大学堂》，《天津大学学报(社会科学版)》2003 年第 1 期。

录”。学堂初创，急需人才，而从天津、上海、香港等地招收学生，头等学堂末班仅招 30 人，而香港一地“应考者千余人”，可见对学生的招生是经过严格的考试才录取的，以保证生源的质量。

北洋大学堂课程的安排、内容的讲授、教材的使用均以美国哈佛、耶鲁为标准，起点高，教学水平高，所以学生毕业后可不经考试直接升入美国著名的研究生院。

北洋大学堂在办学过程中，始终贯彻“宁缺毋滥”的原则，实行刚性标准的招生制度，哪怕每年只招收 1 名新生也绝不降低招生标准；实行严格的考试和淘汰制度，使得培养出来的学生少而精。1895 年至 1905 年的 10 年间，培养出的毕业生和肄业生只有 184 人，每年不足 20 人，平均起来每个学科不足 5 人。当时在校教师和学生的人数比几乎是 1 : 1。北洋大学堂严谨办学的作风，为中国高等教育的发展开了一个好头。

九、北洋大学堂开了中国高等教育的先河

北洋大学堂的创办对中国高等教育的贡献是多方面的，主要来说有三个方面：中国大学精神的确立，现代教育思想的形成，现代大学章程的制定。

首先，盛宣怀在创建北洋大学堂的时候，正值甲午战争失败、《马关条约》签订，中国处于国土沦丧、巨额赔款、丧权辱国、举国哀伤的岁月，中华民族落入历史谷底的时期。处于金融、财政大权皆操于外人之手时代的盛宣怀，怀着实业救国之梦，投身于矿务、轮船、电报、纺织等实业，想从西方列强手中挽回中国人的利权。他深感中国人才之缺乏，对于“人才”，在甲午战争之前，他比较关注的是实业发展中急需的技术管理人才；而在甲午战争失败后，他更多关心的是治国理政的人才。为此，盛宣怀提出了“兴学强国”的主张，他强调“自强首在储才，储才必先兴学”。这种大学精神实为凝聚中华民族奋发图强的内在精

神，是一种至今仍然应该发扬光大的民族精神。

其次，盛宣怀虽生于清末，受的是传统教育，但是他在创业实践中形成了丰富的现代教育思想。不仅如此，他的教育思想的形成，也是在比较中外教育成败之后得出的，于是，盛宣怀突破“中体西用”的束缚，提出新建学堂“参用西制，兴学树人”的办学宗旨。盛宣怀提出的“参用西制，兴学树人”的教育主张，即按照当时西方先进的大学体制开办大学，这在晚清时期是非常开放的思想。①

最后，可以说盛宣怀所建立的大学为我国高等教育确定了最早的办学模式，他依靠丁家立所制定的办学章程则为我国高等教育树立了样本。盛宣怀创办北洋大学堂是为了培养以工、法为主的人才，之后他创立南洋公学则是培养以政法、外交和理财方面的人才。一北一南两所高校，形成了我国高等教育工、理、文、法、财、管相结合的学科结构。北洋大学堂的教学模式、学科结构、课程设置、教材选用、教学方法、毕业设计(论文)等，为中国高等教育开创了全新的教育模式，奠定了高起点培养高水平人才的基础。

北洋大学堂从1895年至1911年共有毕业或肄业生518人，其中资送出国52人(不包括自费留学生)。学校为我国近现代科技教育事业培养了一大批奠基的专家学者，也为追求社会进步孕育了一批勇敢的探索者。他们多为国家社会所倚重，对采矿、冶金、土木、水利、机械工程、铁路交通、财政金融、政法、外交等事业的发展做出了开创性的贡献。

北洋大学堂为中国培养了大批科技人才，尤其是矿冶方面的专家。其中有1899年毕业于北洋大学堂，后到美国、英国、德国、法国等国攻读地质学、矿床学、地层学、古生物学的王宠佑。王宠佑民国初年到大冶铁矿任矿长，与矿山工程技术人员一起改变了大冶铁矿的管理体制(原汉冶萍公司在大冶铁矿实行“事工分治”管理制度，设坐办管事务，

① 以上参见盛档，盛宣怀《条陈自强大计》，光绪二十二年九月二十六日。

矿长管工务，互不干涉，结果造成管理混乱，影响生产，王宠佑和工程技术人员一起向公司力陈“事工分治”的弊端，迫使公司改变“事工分治”管理制度，从此矿山由矿长管理全矿生产及一切事务)，使矿山生产得到大发展，年产矿石由 30 多万吨提高到 60 多万吨，最高年份达到 80 万吨。另一名毕业于北洋大学堂的著名矿冶专家孙越崎，后任国民政府资源委员会委员长，1949 年率领资源委员会全体专家加入新生的人民政权，为新中国重工业的发展做出了巨大贡献。中共早期领导人张太雷，我国著名经济学家马寅初，五四运动天津各界联合会副会长马千里，海牙国际法院大法官徐谟，著名诗人徐志摩，中国奥运之父王正廷等，也都是北洋大学堂的毕业生。

北洋大学堂的建立开了我国现代高等教育之先河，为“继起者规式”，足见盛宣怀的胆识与能力。

第四章　南洋公学的创办

一、南洋公学创办的经过

晚清时期，面向大海的上海、天津，时人称之为南洋、北洋，乃当时中国的两大通商口岸，中外往来，商贾如云，人文荟萃，新潮涌动，地位举足轻重。盛宣怀在天津创设北洋大学堂之后，又决定在上海开设高等学府——南洋公学，是极具远见卓识的。

事实上，盛宣怀在创设北洋大学堂的同时，亦在筹划在上海设立中西学堂，他并向《民报》主编沈毓桂咨询有关上海中西书院的事宜，以及通过沈毓桂向美国传教士林乐知发出有意聘其主持新办学堂之邀请。①

1895 年盛宣怀在天津海关道任上得以首创北洋西学学堂，次年他从天津去职，到上海总办铁路事务，在征得两江总督兼南洋大臣刘坤一的同意后，立即谋划兴办另一所新校，即南洋公学及附设达成馆。1896 年 2 月 18 日（光绪二十二年正月初六），两江总督刘坤一给盛宣怀来电，说："闻公在津新设学堂，章程甚佳，即祈抄示全卷，以便将来仿办。"②

---

① 易惠莉：《盛宣怀评传》上卷，江苏人民出版社 2012 年版，第 321 页。

② 夏东元：《盛宣怀传》，四川人民出版社 1988 年版，第 501 页。

当年春天，盛宣怀禀两江总督刘坤一："……筹建南洋公学。捐资于上海徐家汇购买基地，作为公学校址。"此即今之上海交通大学原址。

1896 年 11 月初，盛宣怀向清廷上奏《请设学堂片》，提出：拟以上年天津海关道任内所办北洋大学堂为楷模，在上海筹办南洋公学，"如津学之制而损益之"进行筹备。他向清廷报告说，培养人才"相需方殷，缓不济急"，此校须"赶紧兴建，庶几早一日开学即早一日成才"。①

就在盛宣怀上奏创办南洋公学奏折的前一些时间，他写信给电报同人、苏州文人谢家福，说："各省试办中西学堂，系为造就人才，大处着笔，方能开天下风气之先，挽中国积弱之政。"②盛宣怀说得很清楚，为了挽"积弱之政"，必须办新式学堂。

盛宣怀为什么要办"公学"呢？这是相对于"义学"而言的，因为盛宣怀的好友谢家福在苏州创办了"五亩园技术学堂"，打算办"偏重桑梓，专意三县儒孤"的公学，盛宣怀得知后，对谢家福定的"公学"称呼有些异议。盛宣怀就写信与谢商讨，说："鄙见苏堂若果专收三县儒孤，只可名为义学。由本省筹捐办理，归入义举，未能名为公学，动用公款，致使各邻省效尤，以义学而请拨公款也……如系公学，可在轮、电捐款内禀拨……想长才必能会心另换面目。"③盛宣怀指出了公学与义学有两点不同：一是"经费半由商民所捐半由官助者为公学"，而义学"由本省筹捐办理，归入义举"。④ 二是"公学造端之宏"，而义学"未必能如公学造端之宏也"。事实上，此时盛宣怀对办学的思考，不是仅仅着眼于办实业的需要，他更多是关注国家如何变法图强，更多是从政治、经济、金融、军事、外交等方面，考虑要为国家培养一批新型的人才。

盛宣怀对于南洋公学也有具体解释，他在上奏清廷时说："环球各

---

① 见盛档，盛宣怀《请设学堂片》，光绪二十二年九月底。

② 见盛档，盛宣怀《致五亩园学堂谢家福函》，光绪二十二年六月二十八日。

③ 见盛档，盛宣怀《致五亩园学堂谢家福函》，光绪二十二年六月二十八日。

④ 见盛档，《南洋公学章程》，光绪二十四年四月。

国学校如林，大率形上形下道与艺兼。惟法兰西之国政学堂，专教出使、政治、理财、理藩四门，而四门之中皆可兼学商务。经世大端，博通兼综。学堂系士绅所设，然外部为其教习，国家于是取才。臣今设立南洋公学，窃取国政之义，以行达成之实。于此次钦定专科，实居内政、外交、理财三事"，① 充分表明了盛宣怀为国家培养人才的主张。盛宣怀又说："商捐经费，学资不出于一方，士籍不拘于一省。……其学生卒业给凭，与国家大学堂学生身份无异。"②南洋公学的经费来源于商捐，主要是盛宣怀督办的轮、电二局的捐助；学生来自全国各省；毕业后的使用，也不拘于一省一地，而以满足国家需要为宗旨。

盛宣怀设立南洋公学，其着眼点是为了培养新型的从政人才，懂法律、政治和理财的人才，盛宣怀创办南洋公学的目的是与北洋大学堂互补，北洋大学堂培养以工科、法科为主的人才，而南洋公学则培养以文、理科为主，兼及政法、理财方面的人才，两校优势互补。

1897 年 4 月 8 日(农历三月初七日)，南洋公学正式开学，它是我国第二所近代大学。盛宣怀一身首创两所大学，南北相应，共创新风，以实际办学行动登高一呼，唤起全国兴学之高潮。

1898 年 6 月，盛宣怀向清廷呈奏《筹集商捐开办南洋公学折》，在该折的附奏《南洋公学章程》中，阐明了创建南洋公学的宗旨、目标以及办学模式。盛宣怀拟订的《南洋公学章程》共分 8 章——设学宗旨、分立四院、四院学生班次登记(学规学课)、考试、试业给据、藏书议书、出洋游学、教员人役名额。同年 7 月 6 日，光绪皇帝朱批"该衙门知道，单并发，钦此"，并在《南洋公学章程》上朱批了"览"字。

盛宣怀意为国家培养"造就桢干大才之用"，在第一章设学宗旨的第一节中就指出："西国以学堂经费半由商民所捐，半由官助者为公学。今上海学堂之设，常费皆招商、电报两局众商所捐，故定名曰'南

① 见盛档，盛宣怀《筹集商捐开办南洋公学折》，光绪二十二年四月。
② 见盛档，盛宣怀《南洋公学历年办理情形折》，光绪二十八年九月。

洋公学’。”在第二章中，明确要“以通达中国经史大义、厚植根柢为基础，以西国政治家、日本法部文部为指规，略仿法国国政学堂之意。而工艺、机器制造、矿冶诸学，则于公学内已通算化、格致诸生中，各就质性相近者，令其各认专门，略通门径，即挑出归专门学堂肄业。其在公学始终卒业者，则以专学政治家之学为新”。这些内容更加凸显出南洋公学不是一般的新式学堂了。

盛宣怀在《南洋公学章程》中，开宗明义写道：“南洋公学本系大学。”公学建成后又明确南洋公学上院“即头等学堂”。建成一所大学是盛宣怀对于南洋公学的明确定位。南洋公学分外院（附小）、中院（附中）、上院（大学）、师范院等级，相互衔接，并按年级逐年递升，具有近代三级学制的雏形。《南洋公学章程》中第三章“学规学课”、第四章“考试”、第五章“试业给据”等均提出了学生从小学升级中学、大学的流程。为了更好地学习西方，上院毕业后，还将“优异者资送出洋”。①

二、何嗣焜出任南洋公学首任校长

盛宣怀从筹备南洋公学开始，就积极物色出任主持南洋公学办学的人选，而他的武进老乡何嗣焜一向被誉为“学有本原，洞达时务”之人。经过再三思考，盛宣怀觉得“非该员不足当此选”，遂亲至其家竭诚相邀，讲明培养人才的重要意义，“以时局艰危，不当徒为洁身之士”，请他出任主持办学，盛邀之下，何嗣焜才慨然就任公学第一任总理（即校长）。

何嗣焜（1843—1901），字梅生（眉孙、枚生），江苏省武进人，三品衔官员。他学有专长、勤勉旷达，饶有声名。

盛宣怀在向朝廷奏报时称：“查有奏调三品衔分省补用知府何嗣焜，学术湛深，不求闻达。臣与纵论西学为用，必以中学为体，考核程

---

① 以上参见盛档，盛宣怀《筹集商捐开办南洋公学折》，光绪二十四年四月。

功次序，极为精邃，志气尤坚卓，不致始勤终惰。当经派委该员总理南洋公学事务。”①

何嗣焜随即前往天津考察北洋大学堂兴建情况，明晰南洋公学办学思路，并有不少新的主张。他提出与北洋大学堂相比，南洋公学尤其要强调中西结合，重视国粹和优秀文化熏陶，以厚植学子根底。盛宣怀对此颇为欣赏，于是这成为南洋公学办学的基本方针。②

何嗣焜出任南洋公学总理后，一面在上海徐家汇购地、建房；一面先借民房招生，筹备办学事宜，并主持了公学第一期师范班(中国第一个新学师范班)的开学工作。

1897 年 10 月，他在校内显眼之处张贴了一份《南洋公学章程》，供众人悉知。它是由何嗣焜手书而成的，其内容共分 15 章，对南洋公学内部管理的各类负责人、管理人、办事人、教习的职责，课堂、卧室、整洁、休假、游息等纪律和相见仪节、程功和督过办法等作了明确的规定。

通读何嗣焜手书的《南洋公学章程》全文，可发现学校十分注重学生品德的培养。比如，章程中的第六章“相见仪节”共 10 节，第五节要求学生“师长有命，须肃立敬听”，第六节则要求学生“在堂见师长及前辈，均宜起立，遇事恭谨”等。在纪律方面的要求也是非常严格的。第十二章“休假”和第十三章“游息”共 19 条，内容细化了学生日常管理，如“查得托词家居有意旷课者，议罚”“不得入茶馆酒肆”等。这份章程明确了当时学校内部管理的各个方面。此外，第二章中写道：“本公学但分学科，不立中西之名，惟章程内省文曰：华课、西课”，并对文学科教习和华文、西文课程管理有十分详细的规定。

有意思的是南洋公学在办学过程中，先后制定了两份《南洋公学章程》，一份是由总理何嗣焜于 1897 年 10 月制定并颁布的；一份是由学

---

① 见盛档，盛宣怀《筹集商捐开办南洋公学折》，光绪二十四年四月。

② 贾箭鸣：《百年淬厉电光开——西安交大的历史脉络与文化传承》，西安交通大学出版社 2014 年版，第 5 页。

校创始人盛宣怀于1898年6月，在向清廷呈奏《筹集商捐开办南洋公学折》，作为附奏而拟订的。两份《南洋公学章程》，名称相同内容却各有侧重。何嗣焜手书的这份章程，侧重于学校内部管理的各个方面；而盛宣怀拟订的那份章程，通篇阐明了创建南洋公学的宗旨、目标以及办学模式。①

南洋公学创办初期经费依靠商捐，何嗣焜在筹建南洋公学任总理时曾捐出钱款以建校，并曾不领取薪金(月薪100两白银)。何嗣焜筹办南洋公学事无巨细、亲力亲为，盛宣怀曾称赞他“租房、招生、聘教习、开学日期以及拟定大略章程等事项，都极为周妥”。

对何嗣焜在开办南洋公学的功绩，著名的爱国企业家张謇曾著文曰：“中国公学之兴，自南洋始。南洋公学之建，自何先生始。先生以清光绪二十三年丁酉，为公学总理，询咨擘画，造端经营，一涂一径，一甓一石，皆出先生之心之手。阅五年辛丑，校舍次第完成，规模粗具矣。”②

盛宣怀在与刘坤一会奏的《请将何嗣焜学行宣付史馆立传》奏折中曰：“博求总理之人，非该员不足当此选。臣宣怀本与该员同里，乃诣其庐申论此意。……该员慨然褰裳相就。既至，先为经营公学房屋规模宏敞度支详核，首开师范院，次开外院、中院、上院。……日以持身行己之道，兢兢与诸生相勖勉。其教学也，始于西文西语，以渐及于各国法律政治之精，沿流溯源，务究其旨；其堂规整齐划一，以起居饮食致其爱护子弟之心，以藏修息游示其张弛之节，务俾诸生受范而不苦，知方而易从。……恭恳天恩将已……何嗣焜生平事迹宣付史馆立传。”此奏折奉朱批：“着照所请。”③

何嗣焜对教育事业的开拓不仅限于南洋公学，他在去世前写给盛宣

---

① 康雨晴、史瑞琼：《南洋公学和它的两份章程》，《中国科学报》2019年4月3日。

② https://baike.so.com/doc/1613317-1705463.html。

③ https://baike.so.com/doc/1613317-1705463.html。

怀的函中说："今之读书坏于科举，胜衣就傅，知为进取之计，故今之学堂当使知学问之可贵，而不可悬富贵利禄以为招，当使后生皆不为废材而不必高语人才，深思熟虑，尤不能不以多设小学堂为先务之急。此话看似迂远，而求富求强兴华保种之策舍此无由。去年劝得叶澄衷捐十万金设一小学堂，为定名曰澄衷学堂，颇可经久。"①澄衷学堂即为现在的上海澄衷高级中学前身。

何嗣焜在南洋公学任职，经管经费巨大，却能持身行己，恪尽职守，不谋私利，是一位讲求品节的校长。1901 年 4 月 19 日(光绪二十七年三月一日)，何嗣焜病逝于工作台上。为表彰他兴办南洋公学的功绩，11 月，盛宣怀特上书清廷称"总理南洋公学，积劳病故"，要求在国史馆立传纪念。何嗣焜留下已 50 多岁的老妻邵氏及 15 岁的儿子，张謇在日记中记载："四月二十九日謇过梅生宅闻其夫人饮泣之恸，悲感不能久坐。"可见其家属之悲。所幸有何嗣焜之四女婿刘垣及好友张謇、沈曾植、汤寿潜等，才于 1902 年 2 月 25 日举行公祭，并得盛宣怀优恤千金俾得营葬，营葬日"诸生徒步会者数百人"。②

何嗣焜在主持南洋公学的 4 年多时间中，先后招收各类学生 300 多名，派出留学生 10 余名。经过几年的经营，南洋公学办学粗具规模。何嗣焜的办学功绩深得学生尊重。1917 年交通大学学生制作重约 30 公斤的何嗣焜铜像，并立纪念碑，纪念碑碑文由张謇所写。

三、聘请福开森担任学校教务总长

盛宣怀创办南洋公学，其目的是为培养新式人才，鉴于创办北洋大学堂聘用美国驻津副领事丁家立担任学校总教习的经验，他决定聘请懂美国教育的福开森来担任南洋公学监院一职，此职相当于学校教务总

---

① 贾箭鸣：《百年淬厉电光开——西安交大的历史脉络与文化传承》，西安交通大学出版社 2014 年版，第 151 页。

② https://baike.so.com/doc/1613317-1705463.html。

长，在校地位仅次于校长，盛宣怀认为由福开森参与公学的创建工作，更有利于公学初创阶段的发展。

福开森(John Calvin Ferguson)，1866年出生于加拿大安大略省，其父是一位教会牧师，福开森出生后不久，便举家迁往美国定居。1886年，20岁的福开森从波士顿大学毕业，获文学学士学位。当时美国基督教新教兴起了所谓的“社会福音”的自由主义神学主张，即鼓励向世界各地传扬改造社会的福音，福开森正是受此感召来到中国的。1886年新婚不久的福开森夫妇不远万里来到中国，他来到中国后，先在镇江学习汉语。第二年赴南京，在自己家中开课传授《圣经》。

1888年，美国传教士傅罗在南京创办汇文书院，福开森应邀担任院长，他对汇文书院的创建与发展做出了贡献，在苏南地区有较大的影响。

1896年，盛宣怀在上海创建南洋公学，为培养新式技术人才，他决定寻觅具备西方教育理论与经验的专家来参与公学的创建工作，经过他人的推荐与认真的考核，盛宣怀认为福开森是合适的人选。福开森来到南洋公学后，致力于校舍建设、设备选定、课程设置、教师聘用等事宜。

南洋公学校址确定后，福开森便着手设计校舍。为降低房屋造价，福开森设计的中院摒弃了华丽的外表，力图朴实、坚固。他亲手设计的该校最早的两幢建筑物——中院和上院，成为学校早期校舍建筑的标杆。

公学成立之初，有师范院、中院(中学)、外院(小学)。福开森上任之后，为加强学校的制度建设与教学管理，“规定学科，按班授课，一改师范院没有课程表，教员不知何时到校、何时授课的无序状况”。①

为加强南洋公学的英语教学，福开森特意聘请了外国人薛来西、勒芬尔、乐提摩等人来校任教，提升了教学质量。

---

① https://www.sohu.com/a/128020974_612398。

为方便师生出行，福开森在学校边上自费修建了一条马路。最开始，这条路没有名字，后来因法租界与宁波同乡会“四明公所”发生冲突，又与英、美、俄等国发生矛盾，福开森居中协调，出力甚多，最终将矛盾妥善化解，为答谢并纪念福开森，当地民众将这条马路取名为“福开森路”。

此外，福开森主张学生全面发展，提倡学生参加体育运动。1898年南洋公学举行了第一次学校田径运动会，它是我国体育史上最早的运动会之一。福开森的办学主张与管理方式，拓展了中国人的办学思路，有利于学生的健康成长。

为设立商务学堂，盛宣怀希望派人赴西方国家调查他们开办商务学堂的经验与存在的问题，他认为福开森能胜任此事。盛宣怀在给福开森的信中说：“商务一门为富强之本……商务学堂各国皆极注意，而日本尤为美备。”他要求福开森“折中比较，不厌求详”，将各国商务学堂异同和办法，连同造屋图样等，回来后一并具报。① 1902 年 3 月，福开森带回欧美各国商务学堂章程办法 1 件，课程表原文 1 件，图样 2 件。盛宣怀请公学黄斌、胡诒谷教习在一月内尽快翻译，以资参考。此外，盛宣怀咨请驻外使臣，在国外觅购商学商律诸书，以备学堂使用，福开森为盛宣怀实现办商务学堂的心愿与目标，做出了贡献。

从 1897 年到 1902 年，福开森担任南洋公学监院有五年之久。南洋公学创办不久即在国内拥有良好的声誉，这与福开森的努力和贡献是分不开的。因福开森在公学任教期间做出了重大贡献，1903 年，盛宣怀按清廷外务部规定，给福开森授予二等“宝星奖”。

四、创造性地提出一套全新的学制体系

1896 年 11 月初，盛宣怀上奏的《请设学堂片》中，他最想设立的并

① 参见《交通大学校史》编写组：《交通大学校史资料选编》（第 1 卷），西安交通大学出版社 1986 年版，第 41 页。

不是南洋公学，而是达成馆。他认为日本明治维新的成功，在于“藩士翘楚，厚其资装，就学外国”，因此应在北京和上海各设立一所官员（成材之士）在职进修的达成馆，“京官取翰林编检、六部司员；外官取候补候选；州县以上，道府以下，令京官四品以上，外官三品以上，各举所知，出具切实考语保送，特简专司学政大臣考取分发”，学制为三年，每馆学员三四十名，“专学英、法语言文字，专课法律、公法、政治、通商之学”，还可到外国大学进修，三年后归国，可“内而总署章京，外而各口关道使署参赞”，在资望逐步累进中，即可备选为出使大臣或总署大臣。他认为上海达成馆应设在南洋公学内。① 盛宣怀考虑到北洋大学堂和正拟创办的南洋公学，“综厥课程，收效皆在十年之后，且诸生选自童幼，未有一命之秩，既不能变更科举，即学业有成，亦难骤膺显擢，予以要任。相需方殷，缓不济急”。也就是说，北洋大学堂与南洋公学培养的学生，由于这些学生还都是少年，至少还要十年左右才可能出来任职，而现在朝廷急需人才，远水解不了近渴。因此，他请求政府批准仿效日本的办法，在京师及上海两处各设一达成馆，变通地培养一批速成的、急需的人才。②

盛宣怀本来建议在北京、上海设立两所达成馆，因为京师达成馆的设立遥遥无期，上海就先走一步，达成馆与公学“相辅而行”。但是，由于种种原因，南洋公学没有按照原定的设想去办达成馆，而于 1897 年 3 月，“考选成材之士四十名，先设师范院”。这就是中国近代史上第一所正规的师范学校。后来南洋公学的教师绝大多数是从中培养出来的。

盛宣怀创办南洋公学有远大计划，并创造性地提出一套全新的学制体系。设立上院、中院、外院，即大学、中学、小学，从初级程度起步，循序渐进，逐级选拔，培养造就高级人才，并首先开办师范院，从

① 黄永泰、郭镇武、卢鸿兴：《盛宣怀与南洋公学史料汇编》，（台湾）交通大学出版社 2017 年版，第 5 页。

② 参见《愚斋存稿》卷 1，光绪二十二年九月，第 11~12 页。

培养师资入手，奠定学府根基。之后更设有特班、政治班、铁路班、商务班，以使南洋学子尽快娴熟“内政、外交、理财”三事。①

众所周知，要办大学，必须要有相应的中学、小学为大学提供优质足够的生源。当时我国新式教育刚刚起步，正规的中学、小学几乎没有，公学在“大学无从取材”的情势下，不求虚名，实事求是，先从小学、中学办起，规划在十年后建成大学。盛宣怀把师范和小学放在学堂的优先发展地位，他说：“师范、小学，尤为学堂先务中之先务。”因此，1897 年他在招收师范生的同时，“复仿日本师范学校有附属小学之法，别选年十岁内外至十七八岁止聪颖幼童一百二十名设一外院学堂”。外院学堂就是小学堂，由师范生分班教习。接着于 1898 年开办二等学堂（亦称中院，即中学）。待条件成熟后再开设头等学堂（亦称上院，即大学）。盛宣怀说：“外院之幼童荐升于中、上两院，则入室升堂。”②这与他办北洋大学堂“循序而进”和“不躐等”的思想是一致的。③盛宣怀设想大学办成后，全国中小学也将大量建立起来，到那时就将中学、小学裁停，专办大学。这是一种符合教育规律、切合我国教育实际情况的正确做法。

盛宣怀的办学思想是很可取的。小学是学业基础的基础，师范班的学员是培养人才的人才，没有优秀的师资和优良的小学基础，学校是办不好的。

后来南洋公学的外院、中院和上院的教师，除一小部分为外籍教习外，绝大部分是师范院毕业的学员，而南洋公学中院和上院的学生，大部分也是从外院逐步递升上去的。

1899 年，盛宣怀在南洋公学又办了一个“特班”，即“变通原奏速成

① 贾箭鸣：《百年淬厉电光开——西安交大的历史脉络与文化传承》，西安交通大学出版社 2014 年版，第 6 页。

② 见盛档，盛宣怀《筹集商捐开办南洋公学折》，光绪二十四年四月。

③ 夏东元：《盛宣怀传》，四川人民出版社 1988 年版，第 282~283 页。

之意，专教中西政治、文学、法律、道德诸学，以储经济特科人才之用”。① 这实际上就是盛宣怀原来设计的达成馆的办学模式。特班从应过科举的成年读书人中考试选拔，“为将来造就桢干大才之用”，“但望学成之后，能如曾李两星”。② 复试地点设在盛宣怀家中，以表特别重视。

盛宣怀创办的南洋公学，陆续设立了师范院、外院(附属小学)、中院(中学)、上院(大学)和特班。它是我国最早兼有师范、小学、中学、大学较为完整教育体制的学校，它为中国近代基础教育、高等教育奠定了基础。郑观应赞誉说：“此乃东半球未有之事，其非常不朽之功业也。”

在中国近代教育史上，盛宣怀无疑占有了一个席位。

五、引领新思想、新文化的“译书院”

盛宣怀创办洋务实业，需要培养新型的人才，需要学习西方新的知识，同时还经常要与洋工程师、洋教习、洋官员打交道，他又没有时间和精力去学外语，只能采取一些办法，尽量减少由语言障碍而造成的损失。一次，慈禧和光绪召见他时，慈禧问道：“你可通外国语言文字？出过洋否？”盛答：“臣不曾学过外国语言文字，亦不曾出洋。”慈禧又问：“你办洋务还要用翻译？近来汉奸甚多。”盛答：“臣用的翻译都是正派人。臣亦格外谨慎，所以一个翻译不妥，总用两个翻译，便不敢蒙蔽。”慈禧说：“这个法子甚好。”③

盛宣怀深知要学习西方新知识，“顾非能读西国之籍，不能周知西国之为”。然而“西国语言文字，殊非一蹴可及”，④ 要求大家都去读西

① 见盛档，盛宣怀《南洋公学历年办理情形折》，光绪二十八年九月。
② 见盛档，盛宣怀《南洋公学历年办理情形折》，光绪二十八年九月。
③ 见《慈禧和光绪召见盛宣怀问答实录》，光绪二十五年九月初二日。
④ 见盛档，盛宣怀《南洋公学附设译书院片》，光绪二十四年四月。

方国家的原版书籍是不可能的，只能将那些有用的书翻译过来，供大家学习、参考，方可事半功倍。为此，需要聘请专门的翻译人才，成立相应的翻译机构——“译书院”。

1898 年 7 月，盛宣怀在给朝廷的奏折中说：“中国三十年来如京都同文馆、上海制造局等处所译西书，不过千百中之十一，大抵算、化、工艺诸学居多，而政治之书最少。且西学以新理新法为贵，旧时译述半为陈编。将使成名成材者皆得究极知新之学，不数年而大收其用，非如日本之汲汲于译书，其道无由矣！”①盛宣怀办南洋公学，着重想培养外交、政法、理财方面的人才，所以他主张公学须附设译书院。盛宣怀的奏折上奏不到一个月，就得到清廷“着照所拟办理”的批示。他随即就成立译书院，附设于公学，成为中国民间最早从事翻译外文书刊的机构。

“译书院”在盛宣怀与何嗣焜的领导下，先期完成了一部分军事、理财、商务、学校等专业领域书籍的翻译，满足了求知大众和清廷新设政务处的需求。

后经李鸿章推荐，1898 年 9 月，盛宣怀聘请张元济(1867—1959，浙江海盐人，字筱斋，号菊生，进士，翰林公，创办北京通艺学堂，后任商务印书馆董事长)出任筹建中的译书院主任一职。张元济是一位富有新思想的青年，他在创办通艺学堂的同时，认真研习西学，攻读英文，日臻精通。他先任职于刑部，有志于振兴外交，考入总理各国事务衙门。戊戌变法期间，他与梁启超、严复、沈曾植等一批新潮人物频繁交往，被变法人士推荐给光绪皇帝，讲他“熟于治法，留心学校，办事切实，劳苦不辞”，“筹划新政，必能胜任愉快”等，受到光绪皇帝的特别召见。张元济向朝廷就“统筹全局以救危亡”提出诸多对策，并向光绪皇帝推荐了不少西学新书。变法失败后，张元济受到“革职永不叙用”的处分。李鸿章由于赏识张元济的人品和才华，遂将他推荐

---

① 见盛档，盛宣怀《南洋公学附设译书院片》，光绪二十四年四月。

给盛宣怀。① 南洋公学译书院成立之后，大量购买日本与西方国家新出版的书籍，并且聘用了一批"中外博通之士"担任翻译。如国外人士中日本的细田谦藏、稻田新六(曾任日本陆军大尉，担任兵书翻译顾问)；国内人士中的郑孝柽、李维格、伍光建、陈诸藻、黄国英等人；回国留学生中的雷奋、杨荫杭、杨廷栋等人。张元济曾数次邀请严复担任译书院总校，虽因故未果，但严复仍然是译书院的知名投译稿者。严复所翻译的亚当·斯密的《原富》(又名《国富论》)这部名著，就是南洋公学译书院翻译出版的。

据统计，至 1901 年 8 月，译书院所翻译的书，已出版的有 13 种(其中 12 种为兵事之书)；已译好、尚未出版的有 15 种(其中：兵政 8 种、理财 1 种、商务 2 种、学校 3 种、税法 1 种)。其中最多的是军事书，其次是政法、理财、商务、学校教材方面的书。另据统计，从译书院成立到停办(1902 年后，袁世凯夺取轮船招商局、电报局后，南洋公学的办学经费大为缩减，译书院没有经费来源，只得停办)，约四年时间，共翻译出版 13 种 40 余部书。仅《原富》一部书，就有 22 册。译书院所出版的书在当时风行一时，对社会思想冲击不小，为中外文化与教育交流做出了贡献，对民主思想的启蒙和传播也起到积极的作用。南洋公学因此成为世纪之交社会大变动格局下，引领新思想、新文化的重地。② 在译介国外的中小学教材时，译书院所选的版本十分严格，既要符合"文部所定教员所授之本"，又要符合"经文证之正本"。南洋公学译书院的这些要求及措施，是对翻译实践的总结，也是对我国出版事业的贡献。

1901 年 2 月，盛宣怀又聘用张元济接替病逝的何嗣焜，出任南洋公学总理。1901 年 7 月，张元济辞去公学总理一职，专心于译书和

---

① 贾箭鸣：《百年淬厉电光开——西安交大的历史脉络与文化传承》，西安交通大学出版社 2014 年版，第 7 页。

② 夏东元：《盛宣怀传》，四川人民出版社 1988 年版，第 284~287 页。

出版。

1908 年 9 月，盛宣怀东渡日本就医，兼考察钢铁厂矿和银行各业。从日本返沪后，他要求译书院编译日本明治财政史，但书稿完成后未得正式出版。

通过译书院的翻译实践，盛宣怀提出了翻译工作的四条纲要：一是“先章程后议论”；二是“审流别而定宗旨”；三是“正文字以一耳目”；四是“选课本以便教育”。针对第三点，盛宣怀说：“译本要在同文”，才便于读者理解，然而“近来私译名字纷拿，官译为其所淆”，译文不统一的危害是很大的。

为了统一翻译的译名，他向皇上上奏说：“臣今所译科学书夥多，不敢不致慎于斯。除随文勘整外，其人、地、国名，品汇名物”，统一规格，列表“附诸卷后”。他说这样做，“以期诸学浅深纲要，开卷了然。专门者借以溯洄，涉猎者亦可预知门径”。① 统一翻译的译名，可保证译书的质量，于是，盛宣怀建议清政府颁布统一的译名。盛宣怀的这一建议，很快得以实施，为中国自然科学与社会科学等各个领域、各个分支中文字翻译工作的顺利开展奠定了基础，也为推动中外文化交流创造了条件。他的这一贡献彪炳史册，写下了浓墨重彩的一页！

六、为南洋公学寻觅人才不遗余力

1901 年，何嗣焜去世、张元济辞任南洋公学总理职位后，盛宣怀有感于校务和扩充翻译书籍的需要，于 1901 年 7 月至 10 月，聘任劳乃宣担任南洋公学第三任总理。

劳乃宣（1843—1921），字季瑄，号玉初，原籍河北永年，后入籍浙江桐乡。1871 年中进士。1873 年参加李鸿章主持编辑的《畿辅通志》。他编书多年，深受总编黄彭年的影响，笃信程朱理学。

---

① 见盛档，盛宣怀《南洋公学推广翻辑政书折》，光绪二十七年十二月。

劳乃宣任职期间，承前启后，继续开办了南洋公学附属小学和公学政治班。他对盛宣怀要求开办上院（大学）的建议提出异议，认为条件尚未成熟。要求上院“暂缓二年”，并建议“今既缓开上院，未便阻其（指中院生）向学之诚，拟请选派品学最优者五名，前赴英国学习，期以四年，分门专习商务政治”。盛宣怀同意了他将中院毕业生择优选送出国学习的主张，于 1901 年夏在中院首届毕业生的 6 名学生中，选拔 4 名派往英国留学。

与此同时，盛宣怀仍不断为南洋公学寻觅人才，他特别延请了沈曾植和费念慈二人。

沈曾植（1850—1922），字子培，浙江嘉兴人。自幼勤奋好学，博览群书，常手不释卷，每读一书，总要寻根究源，弄清道理。1880 年中进士。任晚清政府刑部主事，专研古今律令书，官居刑部长达 18 年。

1901 年 10 月，沈曾植出任南洋公学第四任总理。沈曾植精心致力校务整顿和师资延聘，聘请罗振玉担任东文学堂学监。他主张中西文并重，办好特班。1902 年春他奉调赴京任职外务部。在南洋公学半年任期内，他悉心筹划公学监院、提调、总教习等职位，制定翻译学校组织章程，主持学生考试，维持校内学风，应对法国领事无端干涉等。因治学严谨，办学有功，因而深受盛宣怀的赏识。盛宣怀对他的评价为“品学粹然，缜密而栗，平日讲求经济，各国公法条约亦颇深阅历”。盛宣怀于 1905 年呈奏清政府获准，对沈曾植办学有功予以奖励。

费念慈（1855—1905），字屺怀、峐怀，号西蠡。江苏武进人，1889 年中进士，二甲六名。费念慈是盛宣怀的表弟，出身翰林，学术精湛。1901 年 10 月，盛宣怀奏调费念慈至南洋公学委用，可惜的是 1905 年费念慈刚 50 岁就去世了。

盛宣怀为南洋公学物色人才不遗余力，且知人善任。外务部欲调沈曾植回京当差，1902 年春，他即延请“学术闳正，兼贯中西”的翰林院编修汪凤藻担任南洋公学第五任总理。

汪凤藻（1851—1918），字云章，号芝房，江苏苏州吴县人。汪凤藻早年就读于京师同文馆，1883 年中进士，钦点翰林院庶吉士，三年后授职编修，派任驻俄国使馆二等参赞。1902 年 11 月，汪凤藻因“墨水瓶事件”自行辞职离校。①

“墨水瓶事件”发生后，南洋公学又遭遇经费大幅削减的困难，盛宣怀顶住巨大的压力，千方百计保证学校继续开办。他并且亲自到学生中去，安抚人心，勉励大家潜心读书。

与此同时，盛宣怀在公学设置总提调一职，负责督率学生，稽查课程。1902 年 10 月 29 日，他任命伍光建担任南洋公学总提调一职。

伍光建(1867—1943)，号昭扆，笔名君朔，广东新会人。候选知府，1881 年入北洋水师学堂第一届驾驶科，1884 年毕业。

1886 年伍光建被派赴英国格林威治皇家海军学院深造，一年后转入伦敦大学学习数学、物理、化学。在英国留学期间，他利用课余时间研读英国文学及历史。1892 年，他学成归国，任北洋水师学堂教习。1898 年，伍光建开始撰稿介绍西方的科学文化，并以“君朔”为笔名发表了许多白话翻译作品，是中国近代白话翻译的先驱，其中法国大仲马的《侠隐记》《续侠隐记》译文受到热烈欢迎。②

1902 年冬盛宣怀聘请同乡刘树屏(1857—1917，字葆良，江苏常州人。刘幼年时即有文名，与兄刘可毅、弟刘欢并称常州“三刘”。初考县试获第一名。1885 年被江苏提学使黄体芳赏识，拔为贡生。1888 年中举人。1890 年中进士，选为翰林院庶吉士、编修，授检讨。1893 年清廷举办恩科时，出任同考官)出任南洋公学第六任总理。刘树屏任职后，加强了对学生的管理，经过数月整顿，学校教学秩序逐步恢复正常，因此，刘深得盛宣怀的器重。

之后，南洋公学校长一职又多次易人，1905 年 2 月，盛宣怀辞去

---

① 关于“墨水瓶事件”，可以参阅陈华新等：《百年树人——上海交通大学历任校长传略》，上海交通大学出版社 1997 年版，第 29~30 页。

② 以上参见黄永泰、郭镇武、卢鸿兴：《盛宣怀与南洋公学史料汇编》，(台湾)交通大学出版社 2017 年版，第 16~17 页。

南洋公学督办一职，1907 年唐文治接任学校校长(此时学校更名为上海高等实业学堂)，经过多年的努力，唐文治逐步完善了中国近代高等工科教育体制，南洋公学为国家培养了一批最早的质量较高的工程技术人才。

七、盛宣怀念念不忘的“商务学堂”

南洋公学设立了师范院、外院、中院、上院和特班，又附设了译书院，但是，还没有完全达到盛宣怀培养外交、政法、理财方面人才的目标，特别是商务、理财方面的人才，十分紧缺。

为此，1903 年盛宣怀决定开设附设于公学的“商务学堂”。其实，早在 1899 年，他即意识到设立商务学堂的重要性。他说：中国“一则无商学也，再则无商律也。无商学则识见不能及远，无商律则办事无所依据”。他向清廷建议，先于各省设华商公所，而后准华董们自己集资开设商务学堂，专教商家子弟，“以信义为体，以核算为用，讲求理财之道”。他认为，如能这样做，“数年后商务人才辈出，则税务司、银行、铁路、矿务，皆不患无管算之人矣”。他又说：有了商律，又有商务学堂，就“不致受衙门胥吏之舞弄，即不致依附洋商流为丛爵渊鱼之弊”。① 1901 年，盛宣怀被授予办理商税事务大臣时，他又向清廷上奏，请设商务学堂，他说：“必须广商学以植其材，联商会以通其气，定专律以维商市，方能特开曹部，以振起商战，足国足民。”他以亲身的体会禀告皇上：“臣三十年来在通商口岸随同李鸿章办理洋务商务，仅稍知其事理所当然，而于泰西商学商律，何能识其窍要。”②总而言之，无论从国家、商民来看，都应该尽快设立商务学堂，培养商务人才。

---

① 见盛档，盛宣怀拟《商务事宜详细开具清单》，光绪二十五年。
② 见盛档，盛宣怀拟《商务事宜详细开具清单》，光绪二十五年。

1902 年 1 月 26 日，盛宣怀附奏《请设商务学堂片》，拟在南洋公学之旁购地建造商务学堂一所，原拨北洋大学堂轮船招商局 2 万两、电报局 2 万元款，因北洋大学堂为德军所占，可将该款拨归上海商务学堂，如有不敷，由臣随时设法筹凑。2 月 5 日奉皇帝朱批："知道了，钦此。"招商局、电报两局拨给北洋大学堂的银两，全部拨到南洋公学得到朝廷正式确认。事实上，从 1900 年夏季起轮、电两局支付北洋大学堂的经费就开始拨往南洋公学。

盛宣怀一边向朝廷上奏，一边行动起来。首先，他让南洋公学主管教务行政的刘树屏，将公学尚未开班的上院改为商务学堂，为了使商务学堂办学顺利，他对未来毕业生作了"优与出路"的保证。盛宣怀说："商学卒业，不过二三年，本大臣即当分别擢用，优与出路，决不负各该生数年响学之苦心"，希望学生"勿遽以学业粗成，亟谋他就"。① 其次，他派遣公学福开森赴美、英、比、法、德、奥、瑞七国考察商务学堂办学要义。

1902 年 3 月福开森按照盛宣怀的要求，结束了在欧美各国商务学堂的考察，并带回了欧美诸国经办商务学堂的经验与相关资料。1902 年 3 月，盛宣怀又秉请驻德国大臣吕海寰为商务学堂购得 31 本有关各国商部制度章程及商律全书等。以上足见盛宣怀对办商务学堂之用心良苦。

1903 年 9 月 26 日，盛宣怀重提设立商务学堂之事，向朝廷呈奏《南洋公学开办高等商务学堂折》，并明确在商务学堂前面，加上"高等"两字。他说："时局既以商务为亟，而商学尤以储才为先。现在各省设立高等学堂，考求政艺，不患无人，独商学专门未开风气。窃惟南洋公学款由商捐，地在商埠，若统称高等学堂，则与省会学堂不甚分别，且无所附丽。"②10 月 10 日皇帝给予"管学大臣议奏"朱批。故此，

---

① 见盛档，盛宣怀《拟改上院为商务学堂札》，光绪二十七年。

② 见盛档，盛宣怀《开办高等商务学堂片》，光绪二十九年八月。

盛请将上院作为商务学堂，将本年毕业的中院生递升上院学商务，以尽早学有所成，并请朝廷颁发毕业生出身文凭。

商务学堂于1903年9月6日正式开学。根据课程表安排，由薛来西教授理财、公法、商律；勒芬尔教授宪法、商务、历史；乐提摩教授商业、书札、法文，每周三小时，其余商业数学由陈教习讲授，实验化学由黄国英讲授。

1903年10月，南洋公学更名为“高等商务学堂”。

八、轮、电二局积极为两校筹措经费

办北洋、南洋两所大学堂，在当时的情况下，最难的是校舍与日常的经费问题，盛宣怀通过集资赎回了博文书院原校舍，利用该校舍开办北洋大学堂；而办南洋公学，他决定徐家汇“学堂基地由臣捐购”。这样，基本解决了学堂的校舍问题。

盛宣怀决定北洋大学堂、南洋公学办学的经费由他所经营的轮、电二局岁捐十万两予以解决（见下表）。

年份	学校	北洋兵轮	商部	赈灾等
1890				20000
1891				100000
1894				55200
1896	80000			
1897	80000			
1898	80000			
1899	80000	60000		
1900	80000	60000		10000
1901	80000	60000		
1902	80000	60000		54800

续表

年份	学校	北洋兵轮	商部	赈灾等
1903	20000	60000		
1904	20000	60000	5000	25000
1905	20000	60000	5500	
1906	20000	60000	5500	20000
1907	20000	60000	5500	
1908	20000	60000	5500	
1909	20000	60000	5400	
1911				11000
合计(两)	700000	660000	32400	296000

上表列出了晚清时期轮船招商局历年支付给政府、学校的资金数额。①

从统计表中可以看出，自1890年起至1911年止，轮船招商局对清政府、学校等总计支出了168.84万两白银，这相当于同期招商局资本总额的42%。

从统计表中还可以得知，在招商局168.84万两白银的支出中，支出给商部的仅为32400两，占总额的1.92%；支出用于赈灾等的为296000两，占总额的17.53%；支出给北洋兵轮的为660000两，占总额的39.09%；而支出给北洋、南洋两校的为700000两，占总额的41.46%。很明显招商局提供给学校的经费在总额中的比重最大。这仅是招商局一家给北洋、南洋两校提供的办学经费，加上电报局提供的经费就相当可观了。

从统计表中还可以看出，从1896年至1902年，招商局每年提供给学校的经费都为80000两；而从1903年至1909年招商局每年给学校的

① 统计数据参见朱荫贵：《论招商局》，社会科学文献出版社2012年版，第51~52页。

费用仅为20000两，为原先的四分之一。之所以如此，乃因为1902年之前是盛宣怀担任招商局的督办，他深知办学经费对学校的重要性，再苦不能苦学校，因而提供给学校的费用远远超过了其他项目的费用。1902年盛宣怀的父亲盛康去世，袁世凯借着盛宣怀“丁忧”之际，乘机以自己的亲信替代盛宣怀出任了轮船招商局督办。在袁世凯亲信的掌控下，招商局成为袁世凯的提款机，而为了满足他们的贪欲，他们将提供给学校的经费压到最低。招商局每年提供给学校的经费大大打了折扣。

这期间电报局同样每年为学校提供了大量的经费，据有关资料统计，“电报局1884—1902年报效清政府的经费数额，按低限算也有124万墨西哥银元”。① 其中，从1896年起，有相当一部分是提供给学校的。

据电报局保留的每年的收报费、业务支出、拨还借款、提取公积金、对清政府的报效与捐助、当年结存等账目资料，我们列出了自1895年至1909年的统计数据资料(拨还借款及提取公积金两项未在表中列出)，详情见下表。

年份	收报费	业务支出	报效与捐助	结存
1895	1155825	961037	11647	2495
1896	1146671	863574	20000	3506
1897	1607602	1224152	73333	-3428
1898	1860400	1688900	168430	3070
1899	1773505	1403032	212810	9554
1900	2100000	2033300	309600	57100
1901	2352600	1953800	395000	3800
1902	2124806	1834087	202784	2650

① 参见朱荫贵:《论招商局》，社会科学文献出版社2012年版，第54页。

续表

年份	收报费	业务支出	报效与捐助	结存
1904	3176352	1903277	612072	1003
1905	3188575	2074058	220000	247670
1906	3371057	2426664	220000	209865
1907	3207435	2417235	132000	176464
1908	2835791	2596791		240000
1909	3807963	3165963		642000

表中“报效与捐助”一栏的数字，就包括每年提供给学校的经费。①

当年，盛宣怀为培养商务人才，拟于南洋公学内添办商务学堂，经费却无处可筹，于是盛宣怀就从电报局给朝廷的报效中作打算，维持商务学堂日常经营。1900 年德兵占据北洋大学堂，学生南逃，盛宣怀将其中头等班学生选派出洋，故北洋大学堂已暂无须支用经费。盛宣怀即将原本拨助北洋大学堂的经费改作商务学堂的用款，“以商人报劾之资为振兴商务之用，于理至顺。况商学商律实为国家当务之急，他年富强之基”。②

九、积极派遣留学生出国深造

盛宣怀对培养人才是不惜下血本、不遗余力的。他在创办北洋大学堂、南洋公学的过程中，不惜花费重资派遣一批又一批学生出国深造。

盛宣怀派留学生出国学习的目的，是为了让这些学生在科学技术先进的国家中，“躬验目治，专门肄习，乃能窥西学之精，用其所长，补

① 表中数据摘自韩晶：《晚清中国电报局研究》，上海师范大学博士论文 2010 年，第 136~137 页。

② 见《愚斋存稿》第 6 卷，奏跋 6，光绪二十二年九月，第 22 页。

我之短”。① 由于学生身处国外的环境中，较易“窥西学之精”，学习的效果与深度显然要优于国内。出国的学生“其学科则注重工商实业”，“学成回华任以路、矿、铁厂、银行各要政，渐可不借材异地，授柄外人。目前虽靡费巨资，将来可收实用”。② 盛宣怀派遣留学生，目的很明确，就是为了“不借材异地，授柄外人”。

1900 年秋，八国联军攻占了天津，北洋大学堂被德军强占为兵营，学堂被迫停办。1901 年，盛宣怀通过南洋公学资送北洋大学堂第一批学生赴美留学。1901 至 1907 年，全国官费留美学生总计约有 100 人，其中北洋大学堂就占有半数以上。③ 某一份资料写道：“从 1898 年至 1906 年，这八年中，盛宣怀主持派遣到美、英、德、日、比五国的留学生，有章宗详、王宠惠、雷奋等共 58 人。”④这些学生出国“或由公学筹给经费，或由该生自行筹集资斧”，学生来源大多为公学学生，亦有由盛宣怀“招致咨送赴英国肄业”者。⑤

由于北洋大学堂、南洋公学还不能培养钢铁冶炼与生产专业的人才，1902 年 10 月，盛宣怀开始资送这些专业的学生出洋游历。从 1902 年至 1918 年，汉阳铁厂及汉冶萍公司先后送培的学生有吴健、卢成章、郭承恩、黄锡赓、杨卓、陈宏经、金岳祐、朱福仪、程文熙、赵昌迭等 10 名。

特别要提到的是，由盛宣怀亲自从南洋公学挑选、由汉阳铁厂送到英国谢菲尔德大学委托培养的留学生吴健，他是该校首批获得冶金专业学士学位和硕士学位的学生之一。1908 年底，吴健从英国回来，就回

---

① 见盛档，盛宣怀《资送学生出洋游学片》，光绪二十八年九月。

② 见盛档，盛宣怀《南洋高等商务学堂移交商部接管折》，光绪三十一年二月。

③ 王玉国：《丁家立与北洋大学堂》，《天津大学学报(社会科学版)》2003 年第 1 期。

④ 《交通大学校史》编写组：《交通大学校史资料选编》，西安交通大学出版社 1986 年版，第 74~77 页。

⑤ 见盛档，盛宣怀《资送学生出洋游学片》，光绪二十八年九月。

到汉阳铁厂，成为汉阳铁厂的第一位中国工程师，正是这一年，汉阳铁厂与大冶铁矿、萍乡煤矿合并成立汉冶萍公司。吴健挑起了汉冶萍公司的重任，1912 年 2 月他被委任为总工程师，并先后任汉阳铁厂与大冶铁厂的厂长。此外，1914 年留美学生王宠佑被委任为大冶铁矿矿长、留美学生黄锡赓被委任为萍乡煤矿总矿师，一批归国留学生担任了汉冶萍公司的要职，逐步替代了外籍冶金、矿山工程技术人员。

盛宣怀所派遣的留学生回国后，“或任京师大学堂教员，或充北洋译员，或办两广学务；此外各省府学堂教员所在多有”。① 事实上，回国留学生在外交与工矿企业工作的也不在少数。派遣留学生的成效，是有目共睹的。

盛宣怀对留学生的要求也很严格，除学业成绩标准有明确规定外，必须期满归国。例如，1903 年粤督岑春煊拟调留学国外的陈锦涛回国办理学务。盛宣怀得知后，以该生已进入耶鲁大学，1904 年即可获得博士学位为由，拒绝了岑春煊的要求。盛宣怀说：“从前派出学生百余名，从未有一人毕业考得博士者。瓜不待熟而生摘，殊属可惜”，并电告岑督说：“敝学堂立法，必欲期满考得毕业文凭，所以杜学生躁进之心，免浅尝辄止之诮。不徒为虚靡经费也”。② 1904 年冬，川督锡良请调留学生胡朝栋等回国派用。盛宣怀答复胡朝栋等学生，必须赴欧洲历练一年，即到 1906 年才能回国听调，“若令早回，所造尚浅”。③ 1911 年，在上海高等实业学堂校长唐文治的配合下，盛宣怀根据他担任邮传部尚书职位的职责，进一步派遣留学生出国专攻电机、矿务等专业，他培养人才的积极性从未减少。诚如唐文治所说：盛公“造就实业人才不遗余力”也。④

---

① 见盛档，盛宣怀《南洋高等商务学堂移交商部接管折》，光绪三十一年二月。

② 见盛档，盛宣怀《寄粤督岑云帅》，光绪二十九年九月十一日。

③ 见盛档，盛宣怀《寄成都锡清帅》，光绪三十年十一月十四日。

④ 见《愚斋存稿》卷 78，光绪二十二年九月，第 3 页。

十、为南洋公学的顺利办学鞠躬尽瘁

南洋公学的常设费用都是由盛宣怀管辖的招商局、电报局提供的商务捐款。总款项由招商局每年拨规银 6 万两，电报局每年拨规银 4 万两，并选择上海徐家汇地段购买基地建筑校舍。从 1897 年 2 月开始付给，银款存放华盛机器纺织厂，按长年 6 厘生息，每年收取利息规银数千两，这在初建时是很宽裕的。1901 年北洋大学堂停办后，为了选派学生留美，“招商局每年添拨洋银 2 万元，以备游学经费”，这批北洋留学生经费也由南洋公学兼筹管理，由公学“附列报销”。

从 1897 年至 1903 年公学保留的账目来看，经办的八年中总计支出规银 581518.654 两，尚存规银 729122.057 两。其中用于购买地皮、建筑校舍近 20 万两；购买仪器设备、化学试验用品、图书经费仅一万余两；支出薪水共计 156351.294 两；支付留学生经费规银 56246.77 两；支译书院和东文学堂经费规银 44469.139 两，以及其他各种支出。从这个数字的分配可以看出公学初建时，主要经费都用在购买地皮、建筑校舍上。

1898 年至 1906 年各项建筑费开支见下表。

年份	建筑名称	支付规银
1898	购徐家汇地 120 亩	8785.445 两
1899	建中院购地面积 21000 方尺	49926.2 两
	建监院住宿房	6073.83 两
	建洋教习住房二所	8060.0 两
1900	建上院购地面积 26000 方尺	82908.0 两
	建总理公馆	5543.0 两
	建门房	120.0 两
1906	建小学校舍一座	(数字不详)

南洋公学教习的待遇是优厚的。从公学薪水、膏火账目看，1897年初建时，支付总理、监院、总教习、教习及各司事等的薪金，全年为7655.5两，平均每月支付640两。1898年后，每年即达17777两，平均每月支付1480两，到了1902年，达到每月支付2368两之多。洋员的薪水和中国教习的薪水差距很大，如：福开森每月工资350两，公学总理何嗣焜每月工资100两，杂役最低。

此外，公学对任教多年的教习还给以出国进修机会，对工作辛劳、教习年限达5年至8年的教师进行表彰。1905年奖励了在本校任职5年至8年的教师张美翊、张天爵、陈伯涵、陈懋治等。这些都颇受公学同仁的欢迎。同时按清廷外务部规定，还奖励了在公学任教的外国教员福开森二等“宝星奖”，薛来西、勒芬尔、乐提摩三等“宝星奖”。这些措施促进了公学教学质量的提高。盛宣怀在给清廷上奏时，自豪地称公学培养的学生在“国内外享有盛誉”。①

综观盛宣怀一生的教育活动，南洋公学是盛宣怀投入精力最多的一所学校。从1896年到1905年，南洋公学创办近十年，常驻上海的盛宣怀始终担任南洋公学督办。对于南洋公学，大到经费筹措、校长人选、办学方向，小到招生考试、学生出路、教习聘任，盛宣怀事无巨细，亲力亲为，而非常人理解的只出钱不管校的“甩手掌柜”。

比如，对于经费问题，盛宣怀总是尽心筹措。1901年，公学的两家供款单位招商、电报两局拖延公学拨款长达半年，致使公学经费紧张起来。盛宣怀当即致函两局负责人，措辞严厉地说：“此系额外支要款，岂能任意宕延。”两局迫于盛宣怀的压力，于当年8月拨付全部办学费用。

又如，对于聘请师资与招生考试，他极为重视。1901年夏秋，盛宣怀主张设立经济特科班，有人推荐翰林院蔡元培担任总教习。盛宣怀

① 参见《交通大学校史》编写组：《交通大学校史》，上海教育出版社1986年版，第10~12页。

两次接见蔡元培，当面详细询问后决定聘任。南洋公学招考学生时，考场往往设于盛宣怀上海斜桥的家里，考卷批阅后也由盛宣怀最后定夺录取名单，黄炎培、邵力子、李叔同等都是盛宣怀亲自录取的南洋公学学生。

南洋公学筹建和兴办时期，曾遇到各种各样的阻力，甚至几次面临中途夭折或关门停办的危机。每次出现危机时，都是盛宣怀亲自出面，极力维持，化险为夷。

第一次危机发生于 1896 年 10 月。盛宣怀上呈光绪帝奏折，要求兴办南洋公学。然而，光绪帝谕旨表示，办学可以，不用盛宣怀出钱，"以崇体制"。盛宣怀清楚地知道，甲午战争失败后的巨额赔款，使清政府国库空虚，所谓不用他筹款而由政府拨款的谕令只能是一纸空文，这样下去学堂不知何时才能办成，必将胎死腹中。育才心切的盛宣怀并没有遵从谕旨，等候国家拨款办学，而是坚定地利用电报、招商两局捐助的筹资渠道创建了南洋公学。

1899 年公学面临第二次办学危机。钦差大臣刚毅南下南京、上海等地，以筹措海军军费为名，指令盛宣怀停办南洋公学，将轮船、电报两局提供的办学经费 10 万两移归国库。盛宣怀一方面极力强调培养人才的重要性，一方面反复与轮、电两局股东商议，最后决定每年筹措相应经费，充作海军军费，又一次度过了学校停办的危机。

最严重的一次危机发生在 1902 年 10 月。由于南洋公学发生了"墨水瓶事件"，导致一百多名学生集体退学，并由此引发全国新式学堂的学运高潮。很多守旧官员纷纷上奏清廷，要求停办新学。不少新式学堂因此停办，但是盛宣怀表示南洋公学绝不能停办。他对学部大臣张百熙说："弟学识谫陋，何足以言兴学，惟办事必需人材，成材必由学校，故不惜延访通人，创开风气，而自忘其才力之不及，始终不肯退步。"①

① 王宗光：《盛宣怀与南洋公学新论（下）》，《上海交大报》2010 年 5 月 24 日。

在公学生死存亡关头，盛宣怀的“始终不肯退步”，使公学得以传承不辍。

1903 年“墨水瓶事件”过后，又逢盛宣怀所管轮船招商局、电报局被袁世凯接管。袁指示两局停拨公学经费，要求公学停办。1 月 24 日，袁世凯致电盛宣怀：“闻南洋公学已罢散，能否趁此停办？或请南洋另筹款。”2 月 3 日，盛复电称公学“并未罢散”，坚决不同意停办。他一面裁撤译书院、东文学堂及特班师范班，以收缩公学规模；另一面另募款项，又使公学顺利度过此次危机。①

盛宣怀终其一生，深深热爱他所创办和付出巨大心血的南洋公学。他离开学校后，始终为学校的事业呼吁奔走。1910 年南洋同学会成立，每月所需 50 两白银的房租和活动经费即由盛宣怀支付。据载，1916 年 4 月即将离开人世时，盛宣怀签出了人生的最后两张支票：一张是给上海图书馆的 5 万元，另一张是赠给上海工业专门学校——南洋公学的 20 万元。②

十一、帮助唐文治解决经费拮据难题

1903 年，直隶总督兼北洋大臣袁世凯，从盛宣怀手里夺取了轮船招商局、电报局和部分铁路的权力。1904 年，商部尚书戴振函令南洋公学办理移交。次年 2 月，盛宣怀辞去南洋公学督办职务，宣告他在该校权力的结束。

1907 年唐文治告别官宦生涯，投身教育事业。当时曾有两位朝廷尚书大臣请他出任京城两所学校的监督，但均被他婉拒，唯独应允了远在上海的南洋公学。他在为南洋公学所拟的校歌中“实心实力求实学，

---

① 王宗光：《盛宣怀与南洋公学新论(下)》，《上海交大报》2010 年 5 月 24 日。

② 贾箭鸣：《百年淬厉电光开——西安交大的历史脉络与文化传承》，西安交通大学出版社 2014 年版，第 12 页。

实心实力务实业”的歌词，反映了他对盛宣怀办实业、办教育的认同。

盛宣怀于 1896 年至 1905 年担任南洋公学督办，唐文治则于 1907 年至 1920 年担任该校校长，从盛宣怀和唐文治分别掌校的时间节点看，他们两人似乎没有什么交集，从有关的著述中也鲜见两人在办学方面有过交往的记载。然而上海图书馆《盛宣怀档案》中却保存着两人 100 多封未刊信函，时间跨度长达 10 年之久(1905—1915)，涉及内容也相当广泛，包括赈灾、勘矿、交通大学、私人交往等。

从这些信函中可以看出唐文治对盛宣怀办实业、办学校十分认同。1906 年唐文治任职商部，管辖路、矿、电诸事务，两人当时已有交往。唐文治曾评价：“汉厂、萍矿为中国制造之命脉，台端频年组织，艰苦卓绝，刻已规模大备，立定根柢。”盛宣怀对唐文治的支持也给以肯定，称“唐蔚翁于敝处尤极关切”。唐文治对盛宣怀创办的南洋公学更是赞赏有加，称其“造就实业人才不遗余力”。

1903 年以后，招商局与电报局被袁世凯接管后，南洋公学的办学经费开始紧张起来。到 1904 年学校开学时，已开始酌情收取新生膳食费。以后越来越紧，到唐文治上任后，经费更为拮据，有一段时间里，唐文治带头领半薪，教师的薪金收入也受到影响。盛宣怀得知后，积极协助唐文治解决办学经费短缺困难。1908 年，学校在整理旧案卷时发现有汉阳铁厂股票和德律风(即电话)股票若干，已多年未领息。然而因为管辖部门及户名变动等原因，这些股息迟迟未能领取，经过盛宣怀的斡旋，终于使学校领回了这些经费。1911 年盛宣怀升任邮传部尚书，他又以实际行动支持唐文治，不仅增加学校预算，还将自己的私产赠予学校做校舍。盛宣怀又利用他担任邮传部尚书之便，在唐文治的支持与配合下，派留学生出国学电机、矿务等专业，为实业充实人才。

盛宣怀尽管作为唐文治的上司，又帮助学校解决了经费短缺的困难，但是他从不干预唐文治办学。由于学校办学严谨，教风、学风名声大震，文人商宦子弟都欲入校或转学就读。盛氏家族及盛宣怀朋友郑观应、刘芬等的子弟都希望通过盛宣怀的关系能挤进学校。对此，唐文治既讲原则，又适当灵活掌握，唐文治对入学或转学的学生有严格要求："所试各科视英文、算学之程度如何以定去取，而中文尤为注重。"盛宣怀的侄孙曾在徐汇公学读书，欲转入南洋公学附设中学就读，但因其英文程度不高，根底尚浅，唐文治建议其先入小学就读，然后再入中学为宜。刘芬的儿子刘志煜考试时国文程度表现欠佳，没有达到唐文治的要求。唐文治给盛宣怀复函："查敝校学生已多，每班积至六七十名，校舍不敷，几无容榻之地。为刘世兄计，请先入上海南洋中学修业，俟敝校招考有期，再行复试。"刘芬得知结果后非常失望，但仍礼仪性地致函盛宣怀，以示感谢。①

盛宣怀与唐文治因学校诸事而交往密切，尔后两人的私人感情不断加深，交往范围也不断扩大，建立了一种良好的社交关系。这种关系无疑对上海交通大学的早期发展有着极为重要的正面作用。

十二、盛宣怀对南洋公学的教育功绩

盛宣怀创办南洋公学，其着眼点是为了培养新型的从政人才，懂法律、外交、政治和理财的人才。北洋大学堂着重培养工科、法科为主的人才，而南洋公学则培养以文、理科为主，兼及政法、理财方面的人才，使两校实现优势互补。

1898 年春，南洋公学实施了四院并设的计划。其章程规划了一种新的学校制度：外、中、上三院学生各 120 名，每院学生按程度分四班，每班 30 人，每年依次升班，外院结业递升中院，中院结业递升上院，上院四年学成给予毕业文凭。这便成为中国近代大、中、小学三级制的雏形。公学为培养自强人才而设，其重点为上院。

盛宣怀的办学宗旨为"公学所教，以通达中国经史大义、厚植根柢

---

① 吕成冬：《从盛宣怀档案中盛宣怀与唐文治信函看盛唐关系（1907—1914）》，《常州工学院学报（社科版）》2010 年第 6 期。

为基础，以西国政治家、日本法部文部为指归，略仿法国国政学堂之意。而工艺、机器制造、矿冶诸学，则于公学内已通算化、格致诸生中，各就性质相近者，令其各认专门，略通门径，即挑出归专门学堂肄业。其在公学始终卒业者，则以专学政治家之学为新”。① 也就是说，盛宣怀设立南洋公学，其着眼点是为了培养新型的从政人才，懂法律、外交、政治和理财的人才，至于工艺制造等“器物之学”，若公学学生有此天赋或意向，则令其到“专门学堂”肄业，这也从一个方面体现了盛宣怀对南洋公学的期许，即该校不是什么“专门学堂”，而是培养国家栋梁之才的正规大学，并且，从其总的教育思想中也可看出，即所谓的“中学为体，西学为用”，立身还须“通达中国经史大义”，谋事却要以“西国政治家”或“日本法部文部”为标准了。

盛宣怀的教育思想，在上海交通大学的早期历史上打下了深深的烙印。他在《筹集商捐开办南洋公学折》中说：“中外古今教学宗旨本无异同，特中土文明之化开辟最先，历世愈远，尚文胜质，遗实采华。而西人学以致用为本，其学校之制，转与吾三代以前施教之法相暗合，今日礼失而求诸野，讲西学，延西师，学堂之规模近似矣。”从中可以看出，他特别强调的一是要“学以致用”，二是要“讲西学，延西师”，这些思想实际已融入上海交大120多年的办学理念与日常教学活动之中。这意味着国家的学校，它必须为国家服务，国家的利益也必然高于一切。这是那个时代，也是今天国立大学的一个最基本的功能和使命。

南洋公学办学较早、成绩突出，得到朝野人士的广泛赞誉，视之为“大学堂”。1902年2月，相当于如今教育部长的管学大臣张百熙，奏称南洋公学是京师以外所设学堂办学成效最好者之一。1903年梁启超也称南洋公学是当时我国所办学校程度最高者。1903年，京师大学堂总教习张鹤龄告诉盛宣怀幕僚吕景端：“张野翁以下及京师大夫早认南

---

① 康雨晴、史瑞琼：《南洋公学和它的两份章程》，《中国科学报》2019年4月3日。

洋公学为南洋大学堂，不妨径请作为大学堂。”张野翁即前述张百熙。吕景端也向盛宣怀建议：“公学规模程度，实在各省未设之高等学堂之上，故折中径请作为南洋大学堂”。

上海交大著名校友、1920年代校长凌鸿勋曾说：“盛氏虽为政治上一牺牲者，然对于南洋公学则为一首创之功臣。”盛宣怀在办理南洋公学过程中，顶住了重重非难与阻力，凭借自身的社会地位和经济实力，积极倡导兴学救国的办学目的、学以致用的办学原则，学习借鉴西方教育经验，开创新的办学模式，努力寻找中西教育的结合点，在一定意义上推动了中国教育近代化进程。

作为教育家身份的盛宣怀早已受到人们的关注。蔡元培早年曾说：“逮盛杏荪先生瞭于大势所趋，始奏立南洋公学，以与北洋大学并峙，其规模宏远，不特为当时华校所罕见，抑亦在华西校所难几然。”高度评价了盛宣怀首开南北洋大学的教育功绩。近现代著名教育家孟宪承在1932年《新中华教育史》一书中称清末制定全国学制时，“李(鸿章)、张(之洞)的议论，和盛宣怀的事业，并为后来国定学制的先声”，也就是肯定了盛宣怀的办学实践活动在1902年和1904年两次全国性学制的颁布实施中所起到的重要作用。

1988年，近代史专家夏东元先生在考察了盛宣怀教育生平事迹后认为：“南洋公学是我国最早兼师范、小学、中学、大学的完整教育体制的学校。促其成者为盛宣怀，中国近代教育史上应给予其一个席位。”2004年，夏先生又在《人民日报》刊文明确称盛宣怀为“中国现代化进程中早期的实业家、教育家”。

从晚清同治光绪年间因发展实业需求而不自觉地办理不成体系的技术学堂，发展到甲午战争之后顺应时变主动设立正规体系的近代高等学堂，再到20世纪初年以遣留学、开译院、设图书馆以辅助学校教育的大教育模式，作为实业家的盛宣怀终其一生参与了整个晚清时期近代教育的过程。他以对新式教育的敏锐感和付诸实施的能力，首创中国近代最早的两所大学、最早实施近代三级学制、最早开设师范教育，成为中国教育近代化过程中非常有影响力的实际推动者，是中国近代著名的教育家。① 南洋公学的创办、上海交通大学的发展，为江南学子树起了一面旗帜。如江苏苏南四所著名的高级中学，即苏州中学、常州中学、扬州中学、南师附中，这些学校历来重视基础教育，学生的数理化基础尤其见长。四所高中的学子纷纷以考入上海交通大学为荣。在我的母校——苏州中学，几十年前就有一句口号："一脚跨进苏中，一脚跨进交大。"100 多年来，上海交大为江苏培养了一大批人才，仅上海交大毕业的苏州籍两院院士就有 10 位之多。

北洋大学堂、南洋公学的创办，最直接的效果是为当时国家急需发展的矿业、钢铁、铁路、工程、机械、轮船等产业输送了一批人才，也为国家最早培养了一批法律、外交、经济、商务、金融、教育等专业人才，这实际上也为辛亥革命以及民国时期的经济发展作了一定的人才储备。

---

① 王宗光：《盛宣怀与南洋公学新论(下)，《上海交大报》2010 年 5 月 24 日。

第五章　依靠人才进一步创业

一、铁厂、铁路、银行三者一手抓

甲午战争失败后，1895 年 7 月 19 日，光绪皇帝发出的谕旨中，宣称“当此创巨痛深之日，正我群臣卧薪尝胆之时”“……况当国事艰难，尤应上下一心，图自强而弭隐患……如修铁路、铸钞币、造机器、开矿产、折南漕、减兵额、创邮政、练陆军、整海军、立学堂，大抵以筹饷练兵为急务，以恤商惠工为本源，皆应及时举办。至整顿厘金，严核关税，稽查荒田，汰除冗员各节，但能破除情面，实力讲求，必于国计民生两有裨益”，并提出救亡图存的六项“力行实政”，把修建铁路置于了首位。①

8 月 3 日，光绪皇帝又下了一道谕旨，称：“制造船械实为自强要图。中国原有局厂经营累岁，所费不赀，办理并无大效，亟应从速变计，招商承办，方不致有名无实。”②张之洞经办的汉阳铁厂，初创时经费预定为 246 万余两，到建成时，实际支出已为 500 多万两。坚持“官本官办”模式来办厂的张之洞，厂房设备建成了，但是钢材的产量质量上不去，又没有合适的煤源支持其长远发展，张被搞得“心力交困”。

---

① 盛承懋：《盛宣怀与沪宁铁路》，《苏州日报》2019 年 11 月 23 日。
② 盛承懋：《盛宣怀与沪宁铁路》，《苏州日报》2019 年 11 月 23 日。

甲午战争失败后，国库空虚，铁厂的资金无以为继，于是，张之洞打算要交“棒”了，他期望由盛宣怀来接这个“棒”。

10 月 16 日，张之洞响应朝廷提出的救亡图存的六项“力行实政”，说：方今时势日急，外患凭陵，日增月盛，富强之计，首以铁路为第一要图”。① 于是上下一致将修建铁路放上了议事日程。

12 月 6 日(十月二十日)，朝廷决定由胡燏芬督办津卢铁路，恭王奕譞等人向皇上报告：卢汉铁路仍然是中国铁路的枢纽，先兴建津卢路，实际是为兴建卢汉路打基础。既便于运输铁路建设器材，也有利于招集商股。该年冬季，光绪皇帝发布谕旨，认为卢汉铁路亟当举办。命直、鄂二督王文韶、张之洞会筹，二人酝酿后认为盛宣怀堪胜此任。②光绪皇帝的谕旨，意味着中国即将迎来铁路建设的高潮，张之洞认为这为盛宣怀接办汉阳铁厂，增加了一个重要的砝码。

张之洞在与王文韶商定推荐盛宣怀来督办卢汉铁路的兴建事宜后，很快就做出了让盛宣怀接办汉阳铁厂的决定。盛宣怀于是向张之洞呈报自己初步拟定的汉阳铁厂《招商章程八条》。1896 年 5 月 14 日，张之洞发出《札委盛道督办汉阳铁厂》的公文，公文中说：“盛道才猷宏达，综合精详，于中国商务工程制造各事宜，均极熟习，经理商局多年，著有成效。”③因此，由盛宣怀来接办汉阳铁厂，是最合适的了。

5 月 23 日，盛宣怀向张之洞呈上《接办汉阳铁厂禀》。在禀文中，盛宣怀根据对铁厂、矿山实地考察的情况，列举了当前铁厂存在的问题；阐述了铁厂“非支持不能推广，非推广不能持久”的思路；强调汉阳铁厂原为卢汉铁路而建，支持铁厂关键是要保证铁轨的销路：“自应查照原议，所有铁路需用钢轨各件，均责成湖北铁厂，按照极新西法自行制造……惟中国办事最易分歧，万一铁路所用钢轨等件仍欲取用于外洋，使华铁销路阻塞，商局何能挽回？届时应准其停工，发还华商资

① 见张之洞《铁厂煤矿招商承办截止用款片》，光绪二十一年八月二十八日。

② 夏东元：《盛宣怀传》，四川人民出版社 1988 年版，第 501 页。

③ 见张之洞《札委盛道督办汉阳铁厂》，光绪二十二年四月初二日。

本，仍归官办。”①

盛宣怀在接到张之洞的《札委盛道督办汉阳铁厂》后十天，即1896年5月24日，就正式接办了汉阳铁厂。②

1896年9月2日，张之洞向清廷推荐，说由盛宣怀督办铁路最为适当，因盛兼商业、官法、洋务三者之长。9月初，盛宣怀奉上谕："王文韶、张之洞会奏请设铁路总公司，并保盛宣怀督办一折，直隶津海关道盛宣怀著即饬令来京，以备咨询。”随即盛宣怀遵旨入京。10月19日，皇上召见盛宣怀，询问关于南北铁路兴建事宜。盛敷陈大指，皇上深维至计。10月20日，盛宣怀奉命：直隶津海关道开缺，以四品京堂候补督办铁路总公司事务。盛宣怀并被授予专折奏事特权。③

在盛宣怀即将要承担铁厂、铁路这两项关乎国家振兴图强、国计民生的最重要的实业时，他反复地思考：所需的巨额资金从哪里来？技术设备从哪里来？人才从哪里来？他对自己肩上的责任与可能遇到的困难，是有足够认识的。他在给两江总督刘坤一的信中说：铁路修筑之事“在泰西为易办，中国则有三难。一无款，必资洋债；一无料，必购洋货；一无人，必募洋匠……风气初开，处处掣肘”。④ 国库空虚、赔款累累；向外资银行伸手，除了高利息，还附带很多其他条件。于是，他自然将铁厂、铁路、银行三者联系起来考虑了。他在给张之洞、王文韶的信中说：“今因铁厂不能不办铁路，又因铁路不能不办银行。”⑤在另一封给张之洞的信中说，“铁路之利远而薄，银行之利近而厚。华商必欲银行、铁路并举，方有把握，如银行权属洋人则路股必无成”，也即“银行铁路应一气呵成”，将铁路、银行统于一手。⑥

---

① 见盛档，盛宣怀《接办汉阳铁厂禀》，光绪二十二年四月十一日。

② 夏东元：《盛宣怀传》，四川人民出版社1988年版，第191页。

③ 夏东元：《盛宣怀传》，四川人民出版社1988年版，第503页。

④ 见盛档，盛宣怀《致刘岘庄制军》，光绪二十三年正月初五日。

⑤ 见盛档，盛宣怀《寄王夔帅、张香帅》，光绪二十二年十月初八日。

⑥ 见盛档，盛宣怀《致鄂督张香帅》，光绪二十二年六月十六日。

1896 年 11 月初，盛宣怀向朝廷上奏《请设银行片》，说："银行流通一国之货财，以应上下之求给，比之票号、钱庄要好。英、法、德、俄、日本之银行推行来华，'攘我大利'，近年中外士大夫亦多建开设银行之议。现又举办铁路，造端宏大，中国非急设银行，'无以通华商之气脉，杜洋商之挟持'。"①盛宣怀在奏折中分析了当时国家的金融形势，强调了中国办自己的银行的迫切性。

11 月 12 日，光绪皇帝下诏，命盛宣怀"选择殷商，设立总董，招集股本，合力兴办，以收利权"，着手筹办银行。盛宣怀随即就行动起来了。

甲午战争失败后，盛宣怀抓住"救亡图存"的发展机遇，把经办铁厂、建设铁路、创建银行三件大事紧紧地抓在手中。当朝廷准予他创建银行后，他更加关心与看重的是人才。因此他在"三者一手抓"中，更加重视人才的选拔与培养，除了依靠企业所办学堂，培养急需的技术与管理人才外，更多是依靠自己所创办的北洋大学堂与南洋公学，来为实业发展培养高层次人才，从而为中国的实业发展开创出一番新的天地。

二、依靠自身力量办成中国第一家银行

鸦片战争失败后，依据不平等的《南京条约》，上海等五个东南沿海城市被辟为商埠。上海开埠后的第四年即 1847 年，英国丽如银行率先抢滩上海。在随后的 60 多年中，以英国资本为主导，包括法国、德国、日本、俄国、美国等国的数十家银行陆续在上海登陆。当时中国金融的格局变成由外国银行和本国的钱庄、票号等组成。

甲午战争失败后，外资银行在西方列强对华侵略中扮演着越来越重要的角色，它们积极在中国增设总行和分行，扩充地盘和业务，其中以

① 见盛档，盛宣怀《请设银行片》，光绪二十二年九月。

日本金融势力的扩张最为突出。

外资银行不受中国法律管辖，且它们在创办之初由纯营利性逐渐兼有政治性，在一定程度上担当了外国政府对华侵略的代言人角色。当时的外资银行享有特权，垄断了外汇，破坏了中国经济及金融业的发展。这些外资银行经营业务非常广泛，除经营存款、放款、汇兑业务外，还经营很多只有主权国家的国家银行才可经营的业务项目，如发行钞票、经理外债、代理国库等，甚至业务还超出银行业范围，如代理关税、盐税等，操纵金融市场，进行经济掠夺，成为西方列强资本输出、经济侵略的有力工具。其间，外资银行依靠政治和军事力量的支持，通过对清政府的贷款，控制了中国的财政、金融等经济命脉。同时，外资银行还通过发行货币控制中国，借以获取利益。外资银行之间的竞争主要是靠该国在中国的影响力程度，并不是靠正常的市场竞争手段。外资银行控制了外汇交易，中国企业要想从国外购买设备，必须通过外资银行。在这一过程中，外资银行不仅可以获取丰厚利润，也可以借此控制中国的产业发展。

外国银行在中国的迅速扩张，以及对中国经济的打压，深深地刺激了国人自办银行的决心。

1895 年，当清政府因《马关条约》而向日本赔款两亿两白银，在国内筹款时，朝廷问计于盛宣怀，他很明确地回答，中国要发展经济、筹措赔款，就应该抓紧开办银行。当年 5 月 8 日，盛宣怀请户部速开招商银行，归商办而官护持之。①

1896 年 7 月，盛宣怀接办汉阳铁厂后，自然将铁厂、铁路、银行三者联系起来考虑了。为了说服清政府同意开办中国自己的银行，盛宣怀于当年 7 月起草了《开银行意见》，向清政府阐明银行开办后，对社会经济等各方面的作用与影响。

1896 年 11 月 12 日，光绪皇帝下诏，命盛宣怀着手筹办银行，盛

① 夏东元：《盛宣怀传》，四川人民出版 1988 年版，第 500 页。

宣怀随即就行动起来了。由于盛宣怀事先对开办银行已有较为成熟的考虑，在接到上谕的十几天后，就召集八位股商组成董事会。这八位董事，都是当时上海滩呼风唤雨的非凡人物：张振勋是南洋华侨巨擘；叶澄衷是五金行业巨头，号称五金大王，又是纶华缫丝厂、燮昌火柴厂的老板，上海巨富；严信厚是李鸿章的旧属，在上海帮办军饷和军械，后又办盐务，任长芦盐务帮办，积资巨万，成为宁波通久源轧花厂、通久源纱厂、通久源面粉厂、上海中英药房、华兴水火保险公司、锦州天一垦务公司和景德镇瓷业公司的老板；朱佩珍为华商巨擘，拥有华安水火保险公司、华商电车公司、定海电气公司、舟山电灯公司、舟山轮船公司、永安轮船公司、上海内地自来水公司、上海华商水泥公司、立大与中兴面粉厂等；严潆和陈猷是轮船招商局的会办，杨廷杲是电报局总办，施则敬也是一位举足轻重的大资本家。

由盛宣怀选定的既有经济实力，又有管理近代企业经验的股商组成的董事会，为中国人自办银行奠定了人才基础，盛宣怀将自己所办的银行定名为“中国通商银行”，简称通商银行。①

三、中国通商银行的用人之道

盛宣怀对中国缺乏称职的金融人才是心知肚明的。早在1887年(光绪十三年)7月，李鸿章让盛宣怀起草一封致中国驻美公使张荫桓的函——《致驻美公使张樵野函》，商讨中美合作官办银行的事宜。在替李鸿章起草这封信函后，盛宣怀又上书户部尚书翁同龢，阐述关于银行应该商办的观点和中国缺乏人才的现实。他认为，“泰西各国以兵商二者交相焜耀，实即足食足兵之道”，西方国家“上有商务大臣，下有工商书院”，在人才使用上与中国也大不一样。盛宣怀在信中向翁同龢诉

① 见盛档，《中国通商银行总董条例》，光绪二十三年正月十九日。

苦："招商一局尚苦无人，遑论银行?"①

中国通商银行创办时，北洋大学堂、南洋公学刚刚创办，不可能为新办的银行提供人才。为了给中国通商银行创造一个良好的生存、发展空间，盛宣怀在银行人员的择取上可谓煞费苦心，既要保证独立控制，又要照顾各方利益，以满足他们的需求，即取"均衡"各方利益的用人之道。

盛宣怀在筹划银行之初，原打算以严信厚开设在各地的钱庄为基础，加以扩充而成，后来因权益分配不均而不得不改为招股筹建。集股活动，又受以前官办企业经营业绩不良的影响，民间担心政府的干预而踯躅不前。为此，盛宣怀不得不借助自身所掌控的洋务企业以及熟人关系的入股以保证银行的成立；同时，为了避免清政府内部各利益集团的不满，又凭借他在官场中的人脉关系，促使清政府以非入股的形式存入100万两的临时资本，供银行长期使用，"以示官为护持，与寻常商家和自行开设银行不同"。

中国通商银行尽管取得了清政府的认可，但能否顺利开展和站立脚跟，还必须处理好与政府、民间的关系。盛宣怀审时度势，在银行核心人物的任用上采取了"不官不商，亦官亦商"的方式，以平衡彼此的权益和获取他们的支持。

盛宣怀凭借自身掌控70%以上股份的优势，在银行核心人选——董事会成员的构成上，以汇丰银行的用人原则为标准而加以变通，"不用委员而用董事，不刻关防而用图记，尽除官场习气，俱遵商务规矩"，以此确定通商银行"商办"的经营原则。照此原则，盛宣怀(大股东)指定了与其关系密切的张振勋、叶成忠、严信厚、施则敬、严潆、朱佩珍、杨廷杲、陈猷等八人为总董，组成银行的董事会。

随后，针对银行董事人员的产生和变迁，盛宣怀又在此基础上制定了《中国通商银行总董条例》，专门对总董的退位、补选等事项作了全

---

① 以上见盛档，《盛宣怀上翁同龢禀》，光绪十三年六月。

面而详细的规定，即“每人名下必须有股至少一百股，方许接任”，可见盛宣怀刚开始是在拥有一定比例股份的股东中遴选董事。在上述总董成员的基础上，又从中挑出三人为办事总董，其余为议事总董。按盛宣怀的说法，“泰西商例，公举首领按期到行筹议，谓之议事总董，长年驻扎总行，整饬应兴应革，主持黜涉进退，暨一切商务出入大计，谓之办事总董”。设立总董，实现权力的集中，达到代表股东利益的目的，“权归总董，利归股商”。

因此，银行董事会成员的构成尽管都是从股东中产生，但是在建行之初，他们并不是真正通过股东选举而成，而是由银行的创办者盛宣怀综合各方面因素而选定的，而从盛宣怀遴选的总董人员看，基本都是官员重臣和殷商富户。在确定核心人员构成后，盛宣怀面对的局面是：与外资有关系的业务完全被外资在华银行垄断，与国内有关的业务又为钱庄等旧式金融机构控制，因此必须处理好与上述两者的关系，以确保新生的通商银行能够在内外夹击下赢取生存空间。

为此，盛宣怀在经理层的构建上审慎地采取了“不中不西，亦中亦西”的用人策略，“借重外才，征用客卿”，聘用曾任职汇丰银行的英国人美德伦为第一任洋大班，以平衡与外资在华银行的关系；任用中国的钱业领袖陈笙郊为第一任华大班，以融通与传统金融机构的关系，华洋共用的用人机制虽然与汇丰银行“如出一辙”。总行、分行经理人员分为两大部分：洋账房和华账房。洋账房的核心是洋大班，有权决定与银行有关的存款、放款、资产处理、人员选聘等业务；华账房的核心是华大班，在此基础上遴选其他经营人员，共同组成银行的经营管理层。

经理层人员华洋杂用的用人之策，虽然遭遇人们的诟病，表面上看增加了银行交易成本，但是实际上，任用洋人为洋大班有诸多好处：一来可以借助洋大班的关系打开与外国在华金融机构的业务来往，直接参与汇兑等业务；二来借此加入外国银行在华同业公会，又使通商银行发行的钞票能够取得外资在华银行的信任，得以较快流通起来。这些策略有效地避免了外国势力企图干预、兼并、合办中国银行业的目的，还借助了洋人的“威望”阻止来自晚清各级政府的无端干扰，使银行真正按照市场规律独立运作。而聘任钱业领袖出任华大班，则利用其在旧式金融关系圈中的影响力，建立与旧式金融机构的业务往来，打开与社会各界的业务关系。这种内外兼顾的用人之策，大大促进了通商银行业务的发展。①

随着盛宣怀涉足的行业越来越广、担负的责任越来越重，他与洋人打交道的机会也变得越来越多，如何防范因为语言障碍带来的差错与风险，尤其要防止金融与外交方面的差错，盛宣怀也采取了一些措施。

盛宣怀在中国通商银行创办之初的用人之策，从某种角度说，是不得已而为之，因为科举不可能为他提供金融理财人才，他只能从商场上选择殷商；在外资银行林立的环境中，初创的通商银行想要立脚，不得不借重外才，聘用洋大班。此外，为防止与洋人打交道中出差错，他在翻译的选用上也作了专门的考虑。

事实上，盛宣怀一直想培养中国自己的金融理财人才，特别是通过他创办的新式大学来实现这一目标。他设立南洋公学，着眼点就是为了培养新型的从政人才，懂法律、外交、政治和理财的人才。通过通商银行一段时间的运转，他进一步体会到商务、理财方面的人才十分紧缺。为此，1903 年盛宣怀决定开设附设于公学的“商务学堂”。尽管商务学堂培养的人才数量有限，直接为通商银行服务的人少之又少，但是他的用人之道是十分明确的。

四、起用郑观应大力整顿汉阳铁厂

1896 年 5 月 24 日，盛宣怀从张之洞手中正式接办了汉阳铁厂。面对巨额亏损的汉阳铁厂，如何尽快扭转被动局面，盛宣怀首先请出与自

---

① 以上参见兰日旭：《盛宣怀与中国通商银行的均衡用人之策》，《中国保险》2011 年第 18 期。

己在电报、招商局多年的搭档，具有丰富管理经验的郑观应来担任铁厂总办，对铁厂加以整顿。

郑观应上任后就负起“联络上下官商之情，稽查华洋员匠之弊”责任，不但作为官商之间的桥梁，更强化对铁厂的整顿和管理。他发现汉阳铁厂要解决的问题很多，例如缺乏焦炭，生铁厂产量、质量都不行，钢轨厂不能生产铁路所需要的钢轨等，为此先后三次提出整顿办法。他清楚有些问题，并非能在短时间内可以得到解决，比较容易的是从“人”入手，即改善厂内管理，提高工人的工作效率，减少人为的错误和浪费。盛宣怀十分支持他从这些方面对铁厂开展整顿。

为了加强对厂内的管理，郑观应在盛宣怀的支持下，把厂内事务管理部门，重新分为总银钱所、支应所、煤炭所、钢铁所、翻译所、监工所、材料所、案牍所、转运所、砖石所、工程所、巡查所等12个部门，各部门负有专责，初步建立了一个管理系统。盛宣怀在汉阳铁厂将领导班子、工作重点、铁厂与外界关系基本确立之后，于6月21日返回上海。7月23日，他致函江苏武进同乡恽祖翼：“铁厂布置尚未调妥，内部情况复杂，办钢铁业极为艰难，路轨必须与之相辅而行。”①

郑观应按照与盛宣怀商议的办法，开始大刀阔斧地对汉阳铁厂加以整顿：

第一，在人力资源管理方面，郑观应从整顿华匠入手，裁减工作表现欠佳的工人，以节省厂方的管理费用和工资开支。当时华工匠头都依附于洋匠势力，华匠的表现一直由洋匠做出评价。为了顺利进行裁减工作，郑观应请盛宣怀直接向洋匠总管德培发话，要求其给予支持，德培十分配合，不但同意协助裁减工作，而且表示一旦华匠技术成熟时，可再裁减洋匠，节省铁厂经费。对于仍然留职，没有被辞退的工人，郑观应则加强考核，改变以往组织松弛、工作散漫的状况，提高工作效率。

对铁厂以往所聘的洋匠，则采取以岗选人的办法进行调整。盛宣

① 夏东元：《盛宣怀传》，四川人民出版社1988年版，第502页。

怀、郑观应对这些外籍技术人员，既不认为他们都货真价实，也不认为他们都一无是处。如发现德培没有本领、不会计划，还不能与生铁炉的技术人员合作共事。“总监工不得其人，全厂为之受累”，① 便及时予以调整。盛宣怀认为“此厂用洋人三十六名，不务实。可知其整顿之难，更难于当年之招商局”。② 他根据调查所掌握的实际情况，决定铁厂只需聘用 14 名外籍技术人员，他将应需聘用人员岗位的清单交总办郑观应，请郑对现有的人员进行考核甄别，可用者尽可能留下。最终铁厂聘用的外籍高级技术人员，减少为 14 名，为铁厂节省了一大笔经费；与此同时，铁厂千方百计寻觅有能力的国内技术人才，积极培养自己的人才。

第二，针对燃料是铁厂急需解决的一个问题，郑观应对铁厂所需的煤和焦炭进行调查研究，并分别作了计算，得出煤的供应与质量基本能得到保证，关键是焦炭的问题。于是，他对焦炭的需求与供应进一步作实地调查，从需求看，化铁炉需 6175 吨、贝色麻钢厂需 1050 吨，总计需 7275 吨；而从供应看，厂内存有 3000 吨、预计能交货的为 2370 吨、预计能筹到的有 2000 吨，总计可供应 7370 吨，供应比需求还多了 95 吨，似乎焦炭的需求与供应不成问题。但事实上，除了厂内存有 3000 吨之外，其余的 4370 吨都只是预计之数，不一定可靠，特别是准备预筹的 2000 吨，更无法保障，可见焦炭的缺乏十分严重。

与此同时，郑观应对铁厂焦炭的来源作了认真的调查分析，得出供应铁厂焦炭最多的是距离较远的开平煤矿与萍乡煤矿，占比为 67.16%，距离较近的江夏马鞍山煤矿等，只占 17.91%，西洋焦炭占了 14.93%。从生产成本来看，无论开平、萍乡或西洋焦炭，运输的费用都很大。其中开平焦炭的质量较合适，但是，长久使用它，终究不适宜，因为价钱贵且运输困难。至于西洋焦炭与日本焦炭，经过试用，也

---

① 见盛档，盛宣怀《致鄂藩王爵棠函》，光绪二十二年六月十四日。

② 见盛档，盛宣怀《寄王夔帅》，光绪二十二年四月初四日。

不是长久之计。

针对铁厂之前建造的一批焦炭炉已形同废物的事实，郑观应主张将萍乡煤矿的煤运至江夏马鞍山煤矿，与那里的煤混合起来炼焦炭，提出“萍七马三”和“萍马各半”的设想，希望不让焦炭炉闲置。结果，炼出来的焦炭仍然不适合化铁炉所用，焦炭炉只能停用，山上开采的煤则专供机器使用。

在钢炉焦炭供不应求的情况下，盛宣怀不得不亲自出马。1896 年 12 月 3 日(光绪二十二年十月二十九日)，盛宣怀上告张之洞：炼钢需煤，现开平焦炭供不应求，不得已另派干员赴萍乡设炉，采煤自炼。此铁厂生死关键，势难全徇人情。①

为了解决焦炭问题，郑观应听取了洋工程师德培的意见，将其他地方的煤运到铁厂来炼焦，这一可节省成本，二不易碰碎成屑，保证焦炭的质量，三是将炼焦所产生的余气，用于锅炉，提高利用率。于是，郑观应决定利用萍乡煤矿的煤来炼焦，把铁厂的焦炭炉加以改造，以增加出焦数量。但当时萍乡煤矿的生产条件有限，郑观应想派矿师前去勘查，以增加煤的供应。尽管当时没有立即生效，但为日后的发展作了准备。

第三，在生产方面采取积极有效的措施。针对原先生铁产量少、质量不稳定现状，郑观应从资金能力实际出发，添加部分设备，提高原有化铁炉的效能，增加了生铁的产量，并使质量得到提高，但是生铁成本仍较高。

为了维持熟铁厂的经营，郑观应决定生产市场上流行的熟铁货和铁钉，并计划在上海销售。针对生产中存在的问题，郑观应组织工匠对熟铁炉进行改造，节省用煤将近 40%，大大减轻了成本。后来熟铁厂又改为承包经营，通过减少华匠、降低成本、加强管理，将原先生产熟铁条的成本由每吨 115.88 两，降至 60.26 两，最终降为 50.25 两，较原

---

① 夏东元：《盛宣怀传》，四川人民出版社 1988 年版，第 504 页。

先减少了57%。

生产合适的钢轨，必须有足够的轨轴，郑观应先后向英国梯山厂订购多对轨轴，以应需要，并且聘请洋匠负责管理，确保生产。1897年3月，铁厂开始接受卢汉铁路的订单，轧造六十磅钢轨一千吨，并着手承造吴淞铁路所需的钢轨、鱼尾钢片、螺丝钉、枕木钉等。炼钢亦随之由每日八九炉增至十炉。①

盛宣怀在聘请郑观应担任汉阳铁厂总办的同时，又聘用在管理上有能力的宗德福(又名得福，字载之，江宁府上元县人)，任铁厂提调兼总稽核。开始洋匠不服管理，宗德福"苦心和缉之管局七年，上下无间言。有比(国)工程司吕柏者，尤倾心于其，愿受指挥，岁省虚耗常逾钜万",② 使铁厂的管理逐渐走上正轨。

郑观应自1896年5月上任，至1897年7月离职，时间只有一年多，但这是铁厂管理变革的关键一年，凭着他在洋务运营中的经验，加上对汉阳铁厂问题的深入研究，已经把握住了铁厂问题的所在，针对厂内存在的主要问题，做出了相应的改革，使盛宣怀接办后的汉阳铁厂开始取得明显的成效。在关键时刻请出郑观应、宗德福把控，也反映了盛宣怀知人善任、善于处事的水平。

五、借助德国矿师，找到铁厂急需的煤源

鉴于铁厂急需的煤源一直没有找到，为解决燃料问题，1896年下半年，盛宣怀聘请了两位德国高级矿师，一位叫赖伦，另一位叫马科斯，他在两位矿师的陪同下，亲自到江西、湖南等地寻觅煤矿。他还不断委派有关官员，陪同两位矿师到湖北、江西、安徽等省进行勘矿。这

---

① 以上参见郑润培、李航:《郑观应与汉阳铁厂的营运》,第二届汉冶萍国际学术研讨会论文集。

② 参见郑润培、李航:《郑观应与汉阳铁厂的营运》,第二届汉冶萍国际学术研讨会论文集。

两位矿师工作很认真，也有真才实学，他们在江西萍乡四处实地勘查，先后勘查测量了安源天子山、锡坑、紫家冲、高坑、王家源、大屏山、胡家坊和青山马岭等处的煤田。

当时外国矿师勘矿，经常遇到当地百姓的敌视和抵制。当年赖伦在萍乡勘探，正值宜春、萍乡两县举办县试，应试的童生们从《汉报》上得知此事，而“萍民素畏机器，谓能使山崩地陷，田园庐墓悉被震伤，而借煤为业之人又恐官招新股，夺其现成之利”,① 因此童生们撰写揭帖，号召乡民反对洋人入萍。这使得赖伦的萍乡之行频频遇险，依靠军队的保护才得以安全到达矿山。

1896 年 10 月，矿师向盛宣怀呈报勘查结果，马科斯估计煤储量为 2 亿吨，30°以下的倾斜煤层，可供炼焦的煤甚多；赖伦估计煤储量为 5 亿吨，做出了萍乡煤田“脉旺质佳，迥非他处所可及”，“如每年采用一百万吨，可供五百年之用”的预测报告。②

1897 年 6 月，为了尽快核实萍乡煤田的情况，盛宣怀委派得力助手张赞宸(1862—1907，字韶甄，江苏武进人，湖北省候补知县)等人赴萍乡复查煤务。张与盛是武进同乡，早年就追随盛宣怀，自 1896 年 7 月到汉阳铁厂后，先后任铁厂会办银钱股事、提调兼稽核、总董等职。张深知此事的重要性，毅然接受盛宣怀委派的任务，随即跋山涉水赶赴萍乡，与先期已在那里的赖伦、马科斯会合。为了便于找矿，并协调与铁厂之间的关系，他们商议成立了“煤”“矿”“钢”三合一的萍宜矿务利和有限公司。

张赞宸与矿师一起徒步赴山区探矿，进行实地考察，在萍乡境内进行了一次全面深入的勘查，1898 年终于在萍乡东南一带发现了一个大煤田，该煤田位于天子山之支脉安源山，其脉来自莲花县之马迹岭。当地乡民采用土法采煤，已有大小土井 300 余口，赖伦、马科斯从土井中

① 参见《恽积勋致郑观应函》，光绪二十二年九月。

② 参见盛承懋：《盛宣怀与湖北》，武汉大学出版社 2017 年版，第 151 页。

认真采取煤样，并对煤质进行分析，表明那里的煤质适合炼焦，并发现“内含煤矿甚富，属于古生代煤炭纪，色黑如漆，且甚光泽，挥发分少，黏结性富，是制造焦煤的上品。其煤层有十层，主要以小底板层、大底板层、夹槽、老夹槽、大槽板层五层为主”。①

勘探结束后，经过矿师的鉴定，萍乡煤田的煤质适用于炼焦，于是铁厂就确定在萍乡试挖煤井，经过研究选择了两个地方，一个是安源，一个是高坑。当时这两个地方的小井很多，民间挖煤的人不少。两位矿师进行分工，赖伦在安源，马科斯在高坑，各作一个开井方案进行比较。马科斯认为应该在高坑挖煤，提出在井的上端修筑一座水库，从高坑到芦溪开挖一条运河，煤通过船从运河中运出去，先到袁河，再到九江，由九江运到湖北；赖伦则提出在安源挖煤，从安源到宋家坊修一条铁路，然后上船通过水运，将煤运出。

两个方案相比较，在高坑开井的方案费用太大，负担不起，因而决定采用赖伦在萍乡县城偏南 6 公里的安源挖煤的方案，即主矿选址确定为安源，此后也将它称为安源山机矿。

方案经盛宣怀确定之后，张赞宸在盛宣怀的支持下，协调各方关系，积极收购煤田区域的土地土井。1897 年冬，张赞宸以优惠价格收购了“广泰福”商号设在紫家冲的 7 个厂 18 口井，作为建矿的基础。

1898 年 3 月 22 日，经清政府批准，汉阳铁厂在萍乡设立“汉阳铁厂驻萍乡煤务局”。盛宣怀任督办，张赞宸为萍乡煤矿首任总办，下设机矿、煤务、材料三大处，并聘请文廷式以地方首绅地位协同照料，翌年聘任德国矿师赖伦为总矿师。

在盛宣怀的督办下，经过张赞宸及其助手李寿铨的努力，萍乡煤矿成为拥有一个主矿和 4 个分矿，同时还拥有铁、锰、锑、铅等矿的大型矿山。安源机矿拥有东平巷和八方两个采煤系统。萍乡煤矿建成了拥有近代机械化的洗煤台、炼焦炉、耐火砖厂、煤砖厂、土炉炼焦处等设备

---

① 参见盛承懋：《盛宣怀与湖北》，武汉大学出版社 2017 年版，第 155 页。

的大型煤矿企业。

1907 年 10 月 15 日，盛宣怀亲临萍乡验矿，历时 10 年的萍乡煤矿宣告正式建成。萍乡煤矿总耗银 676.8 万两，生产能力达到日产原煤 1300 吨、日洗原煤 3400 吨、日产焦炭 600 吨、年产煤砖 5 万吨的容量。萍乡煤矿建成后当年产煤 40 万吨，焦炭 11.9 万吨。① 萍乡煤矿的平均出焦率高于同期的英国，低于德国、法国和比利时，与美国基本相当。萍乡煤矿的开发，彻底摆脱了铁厂缺煤的困境。

萍乡煤矿开发初期，北洋大学堂与南洋公学还不可能为之提供开发与管理人才，盛宣怀依靠张赞宸、李寿铨以及德国矿师的努力，实现了矿山的开发目标，充分体现了盛宣怀不达目标誓不罢休的创业精神，同时也反映了盛宣怀在办矿过程中，充分依靠技术与经营管理人才，善于调动与发挥他们聪明才智的能力。

六、聘用李维格闯过了钢材质量关

盛宣怀督办汉阳铁厂后，铁厂开始向正在修筑的卢汉铁路最初的一段(卢沟桥至保定)供应钢轨。1897 年 10 月 9 日，铁厂出现钢轨检验不合格的报告："……此次所验第三条钢质过硬，拉力只长一分，制钢轨不甚相宜。照泰西章程，验得第三条钢质如此，须将同时所出之钢轨再验一条，倘仍只拉长一分，应将全行钢轨概行废弃。目下各钢已经杂乱，未能照此章办理。"②但是这并未引起工程师卜聂的重视，直到 1903 年卢汉线使用铁厂的钢轨出现多处断裂现象，时任汉阳铁厂提调的宗德福才道出其中的缘故："……又奉敬电，沙多云去年所运北轨，断者甚多，当即两次复电。旋据卜聂云，外洋轨质含磷只 0.05，汉阳铁厂所拉之轨含磷皆 0.12 不等。历年皆依设法，另用马丁钢炼成样轨，

---

① 吴杰：《安源：百年煤矿话沧桑》，《国企》2012 年 1 月。

② 见盛档，《顾培验轨报单》，光绪二十三年九月十四日。

就铁路洋工师考验。此次验轨之洋人，闻北轨有断，颇觉认真。此后即难蒙混。”①原来负责钢轨生产的工程师卜聂在这么多年当中一直以含磷低的马丁钢拉成的“样轨”来对付各种检验，使得铁厂由贝塞麦炉生产的含磷相对高的钢轨得以顺利出售。

事实上，汉阳铁厂钢轨质量问题是诸多因素综合影响的结果：一是汉阳铁厂急于为卢汉铁路供轨；二是在管理和设施上无法为生产提供化验等技术上的保证；三是焦炭供应一直没有得到很好的解决。当然，最重要的原因是铁厂设备与矿石不匹配。

应该说，一开始盛宣怀对汉阳铁厂生产出来的钢轨质量不行的原因，也是弄不清楚的。他弄不明白，为什么同样是煤和铁沙，同样是洋人的技术和进口设备，洋人生产出来的钢轨，质量好得很，而我们生产出来的钢轨，质量就不行。国内聘请的洋人技师也讲不出个所以然来，那只有派人到国外炼钢厂去，在炼钢生产的现场，一个环节、一个环节地仔细考察比较。面对汉阳铁厂生产的钢材质量不佳问题，盛宣怀决定要派人出去弄个究竟，思考再三，只有请自己的莫逆之交苏州人李维格出马。1902 年，盛宣怀在给朝廷的报告中写道：“……制造必取法于人，耳闻不如目见，臣久思亲赴各国一观其布置而不得其暇，只得遴派妥员代往考察。兹查有总办湖北铁厂三品衔候选郎中李维格，心精力果，体用兼赅，本来谙熟方言，近复留心工学，臣与李维格坚明约束，铁厂之成败利钝，悉以付中……臣已代筹资斧派令该员带同洋工程师一名，克日驰赴日本，先阅其新开铁厂，即由日本放洋赴泰西各国，游历各厂，究其工作精奥之大端，彼何以良？我何以楛？彼何以精？我何以粗？他山之石，可以攻错。”②

1902 年 10 月，盛宣怀把解决汉阳铁厂钢材质量的重任，交给了李维格。盛宣怀认为，某人既有贤才，就应任之专，任之久，充分发挥其

① 见盛档，《宗德福致盛宣怀函》，光绪二十九年二月初九日。

② 参见盛承懋：《盛宣怀与湖北》，武汉大学出版社 2017 年版，第 157 页。

作用。盛宣怀说："李维格工程本领，系在汉厂历练而成……铁厂之成败利钝，悉以付之。用人之道，必当用其所长，尤当久于其任。若用之不专，或朝令暮改，皆不足尽其才"。①

盛宣怀的指导思想非常明确，就是要在深入分析汉阳、大冶、萍乡三地的资源，尤其是铁矿石和焦炭配合性能，以及在充分考察国外同等规模钢铁企业做法的基础上，找到汉阳铁厂问题的症结。为此，首先要找一位既通西文，又谙熟厂务的人携带铁厂的原料和产品出洋"求医问诊"，寻求答案，他最终选择了李维格。

李维格早年游学英国，驻留驻英参赞李经方行邸，兼习法文，后随崔惠因使美，随李经方使日，因此谙熟英文和西方社会。1896 年 4 月他任汉阳铁厂总翻译，1900 年掌管汉阳铁厂西人商务，之后一生未离开过汉冶萍公司。

早在 1902 年 9 月，李维格就致信盛宣怀，提出汉阳铁厂减轻成本、广筹销路的六种办法，其中就有游历洋厂一项，并毛遂自荐出国考察，得到盛宣怀的支持。1902 年 10 月 24 日，李维格乘日本邮轮"博爱丸"前往日本，10 月 28 日参观日本八幡制铁所，当他准备继续登邮轮前往美国时，却被盛宣怀以铁厂两炉齐开和筹划借款为由召回国。李维格为此有些失望，萌生退意。经盛宣怀挽留，李维格遂在上海负责筹借外资事宜。

1904 年卢汉铁路建成，借款筹到，盛宣怀认为时机成熟，便再次指派李维格出国考察。与上回不同，此次盛宣怀为其详细拟订了考验矿质、考究厂务、访聘工师、购办机炉以及筹补用款等五大项 41 小项任务，其中考验矿质被列为头项任务，并分别就焦炭、铁矿、炉砖原材料及其与炼铁轧钢各方面的关系都作了细致的要求。盛宣怀深知只有掌握了汉阳铁厂炼铁原料的特性，才能对症下药，从而获得合理的技术改造方案和购置设备。

---

① 见盛宣怀：《寄张宫保》，光绪三十二年八月二十日。

李维格果真不负厚望，首先他为出国作了充分的准备，分别取大冶、萍乡的矿石焦炭样品以及铁厂的成品装箱随船携带，仅大冶矿石样品按照矿石地点的不同就分装了 8 箱，每箱半吨。1904 年 4 月 8 日启程，先后赴日本、美国、英国和德国考察，在美国匹兹堡他对炼铁原料使用尤为注意，在英国寻访钢铁专家，化验矿石及成品样品，以征求最适合的炼制方法，历经近 8 个月，于 11 月 27 日回到上海。对于钢轨生产分析得出："炼钢有酸法碱法之别，酸法不能去铁中之磷，惟碱法能之"，"汉厂贝塞麦系酸法，而大冶矿石所炼之铁，含磷过多……而含炭少，磷多则脆，炭少则软。卜聂炼钢，减少含炭分数，使其柔软，以免断裂，然柔则不经摩擦，轻易走样……此汉厂贝轨所以不合用也"。① 经过出国实地考察，李维格终于找到了汉阳铁厂生产出的钢材质量不佳的关键所在，即"矿石"含磷过高，导致钢轨易脆、易裂。他发现汉阳铁厂所采用的炼钢设备与炼钢方法，不适宜炼矿石含磷过高的钢轨。②

李维格回国之后，针对"矿石"含磷过重的原因，立即向盛宣怀建议：购置新设备，改造旧式炼钢炉，放弃原用的贝塞麦转炉，改用马丁碱法炼钢炉，同时改进工艺，去除磷质。盛宣怀对这一建议颇为称许，并指示照办。这样，就使"十余年未解之难题，一朝涣然冰释"。李维格说："在洋考察，既有把握，于是绘图贴说，广招英、美、德专门名厂投标，并与同行之萍乡矿师赖伦，及新雇之工师等，一再讨论，剔破疑团，然后分别订定。归国后激励同人，勇往从事，胼手胝足，四年苦工，于去冬(1907)十月告成出钢。"③

从李维格回国，购置新设备，再到炼出第一炉真正合格的钢材，又花去了整整五年的时间。这为"西法炼铁，事非素习，无以得其窍要，

---

① 《李维格呈出洋采办机器禀》，光绪三十年十二月十二日，汉冶萍公司档案史料选编(上)。

② 方一兵：《汉冶萍公司与中国近代钢铁技术移植》，科学出版社 2011 年版，第 37~40 页。

③ 参见李维格：《记汉冶萍》，光绪三十四年七月。

计穷力竭，欲罢不能”①的盛宣怀，解决了又一个阻碍前进路上的拦路虎。

李维格协助解决钢材质量的过程，使盛宣怀进一步认识到人才对实业发展的重要性，他一方面抓紧汉冶萍公司的发展，另一方面加快了新办大学人才培养的步伐。

新炼出了合格的钢材，不几天，盛宣怀就赶赴湖北“来鄂验视新钢”，为“居然媲美欧洲”而自豪，为“东西人来阅者，皆称中国亦能做到如此”而高兴。

七、铁路总公司坚持“唯贤才是任”的原则

1896 年 10 月 20 日，当盛宣怀“以四品京堂候补督办铁路总公司事务”时，他首先考虑的是建设铁路的人才从哪里来？

在 1896 年的《拟办铁路说帖》中，盛宣怀说：“中国于铁路工程尚无专门之学，驾驭洋匠，教习华徒，研究地形，随在有关紧要；而用人理财，尤非精神贯注，不能取精用宏，风清弊绝。”②盛宣怀在办实业方面，任人唯贤，不分亲疏，不分华洋，唯才是任，这是他的用人原则，在他督办铁路过程中亦是如此。

他深刻认识到人才的重要性。他的见解，是在他 20 多年创办各项实业、经过不断失败与成功的过程中总结出来的，是他通过与洋人打交道、经过分析比较而得出的，也是他在官场上进行观察，与各方人士接触交流当中所悟出的。为此，他提出“练兵、理财、育才”的国家自强三要素，并认为解决的办法是“伏查自强之道，以作育人才为本；求才之道，尤宜以设立学堂为先”。③

---

① 参见李维格：《记汉冶萍》，光绪三十四年七月。

② 宓汝成：《中国近代铁路史资料：1863—1911》，中华书局 1984 年版，第 260 页。

③ 见盛档，盛宣怀《请设学堂片》，光绪二十二年九月。

关于铁路总公司管理机构的人事安排，1897 年 4 月 12 日，盛宣怀致函王文韶，提出要调用“何嗣焜、郑孝胥、蔡汇沧和梁启超”等四人，助筹铁路事宜。

何嗣焜是盛宣怀的武进同乡，享有“闳深邃密，体用兼赅，淹贯古今各国源流，有过时之略，而不囿于晚近”的美誉，提名他自然得到众人的认可；然而提名毫不相识的青年梁启超，同样得到大家的赞赏，尽管梁最终没有加入铁路总公司，但是盛宣怀提携“博古通今，志气坚强”的青年才俊的行动，是受到社会好评的。而对于众多被推荐来的人，以及想到铁路上来“混碗饭吃”人员，盛宣怀则冷漠地报之以“仍有乏才之叹”。

从 6 月 3 日盛宣怀致翁同龢函中提到的总公司组成人员看，收支：严作霖、杨廷杲；购料：何嗣焜、蔡汇沧、朱宝奎；铁路顾问：锡乐巴。这些人都是当时社会的精英，是精兵强将。

德国工程司锡乐巴原先是张之洞所聘的铁路顾问，担任铁路总公司顾问后，盛宣怀并不因为他是洋人，就另眼相看，而是放手让他干，并且十分尊重他的意见。经过在实践中考察，盛宣怀对他的评价是：“工夫为最上等。”对于才干一般的锡贝德，则毫不犹豫地指示有关人员“不宜复用”，充分体现了他在洋人的任用上，同样坚持“唯才是任”的原则。①

随着卢汉铁路正式动工，盛宣怀调用有管理能力、汉阳铁厂提调兼总稽核宗德福任卢汉铁路南路公司总办，卢汉路线长二千四百余里，为我国沟通南北之第一线。铁路动工于湖北之应山县，然而 1900 年八国联军攻陷北京，北方烽火震江汉，路工洋匠无心继续施工，一批乌合招募之兵扶清灭洋论甚嚣尘上，闹得鄂省百姓人心惶惶。宗德福“召集绅耆，布告民众，车马有代价，夫役有工资，一草一木悉数交官，官依次

① 以上参见邱永文：《盛宣怀与中国近代铁路事业的发展》，《第二届汉冶萍国际学术研讨会论文集》。

给凭照，事定后缴凭照则物还原主，毁者偿钱，完者归璧，人民咸乐从而流亡绝少”。由于宗德福应变有方，保护了铁路沿线施工现场，减少了工程设备、材料的损失。

为了让萍乡的煤尽早供应铁厂，拟修建一条萍乡至醴陵的铁路，将煤先由萍乡运到醴陵，再走绿江下湘江至长江，萍乡的煤炭通过长江可运至汉阳铁厂，盛宣怀将这一设想上奏清朝廷，朝廷很快批准了这条铁路的建设。1899 年，盛宣怀委任薛鸿年为总办，开始修筑萍乡至醴陵的铁路。8 月 4 日，他派美总工程师李治、副工程师马克来和中国副工程师罗国瑞等勘测，到 11 月 20 日勘测完毕。1900 年 11 月，萍乡至醴陵段竣工通车，路长 38 公里，并被命名为萍醴铁路。

八、新型大学解决了铁路急需的人才

为了加快培养铁路建设急需的工程技术人才，盛宣怀于 1895—1898 年在北洋大学堂开设了铁路工程班，1897 年学堂增设铁路专科。1898 年春，因修建卢汉铁路急需建设人才，津榆铁路总局开办了卢汉铁路学堂，其附设在北洋大学堂内。卢汉铁路学堂生源来自上海、福州、汉口三地，共二三十人，聘请英国专家作为教师。1900 年夏，义和团进入天津后，这批学生南迁至上海南洋公学，至 1901 年毕业。

事实上国内真正专门为铁路培养人才的机构首推天津北洋武备学堂，它是李鸿章于光绪十一年(1885)正月创办的。①

1896 年，英国人金达上书建议设立铁路学堂，同年津榆铁路总局(北洋铁路总局)创办了中国第一所铁路专门学堂——山海关铁路学堂。该校开始附设于天津北洋大学堂内。1897 年 11 月 22 日，学堂迁到山海关上课。曾鲲化在《中国铁路史》中这样记述：“山海关铁路学堂为我

---

① 以上参见段海龙：《晚清铁路教育与京绥铁路建设》，《科学》2015 年第 67 卷第 5 期。

国铁路学堂之最古者。系光绪二十一年（1895 年）津榆铁路公司创办。学生凡六十人，庚子拳乱时解散。如苏日新、张鸿诰、耿友兰等，皆其杰出者也。”

1897 年 12 月 18 日，《集成报》介绍了山海关铁路学堂：“北洋山海关铁路学堂系由津榆车脚项下筹款设立，本年归并总公司后，将学生移至天津大学堂……”

1900 年夏，义和团运动在天津、北京爆发，盛宣怀在南洋公学新建的上院内设立铁路班以收容战乱南迁的北洋师生。

1905 年 9 月，卢汉铁路即将全线竣工，盛宣怀在《请设铁路法文速成学堂片》中说：“再，铁路为专门之学，臣前在上海奏办南洋高等学堂，并选派学生出洋肄习，已为预储工程师之用。惟所习皆系英文，亦非备行车任使。臣此次勘验卢汉路工，沿途察看情形，备知行车在事人员职司虽微，关系甚重，诚以借款造管理必需洋员，既用洋员，则各员司必得谙晓语言文字之人方免隔阂。查卢汉路员如站长、票房、车首等项向用法文，现今官立、民立各学堂，法文尚少，路工未竣以前，逐段行车，需人孔亟，遴选未能尽善，流品因以不齐，每至更换无人，辄起乏才之叹。”因此，“目前切要之举，自宜先设法文速成学堂，凡卢汉、正太、汴洛各路需用车务人员，皆可取材于此。试办之初，诸从撙节，即派行车正、副监督就近督办，并另派总办一员驻堂经理”。① 他并建议委派候选知府衡璋为驻堂经理，以适应铁路运营管理中对法语人才的需求。

1906 年秋，南洋公学再度设置铁路工程班。1907 年底，唐文治担任校长后将原铁路工程班学生和当年暑假招收的新生归并，开办铁路专科，学制三年，开设 18 门课程。这是该校历史上设立的第一个工程专科，成为上海交通大学高等工程教育的发端。盛宣怀在《邮传部札饬筹设专科各办法文》中这样写道：“本年毕业生暨上年毕业现习铁路工程

① 见《愚斋存稿》第 12 卷，第 5 页。

专班者尚有多人，均请以部筹出洋经费拨设专科，则两班皆可不出洋而共沾实验之益，该监督兼筹并顾，也以设立专科为请，具见苦心，良足嘉许。”

1909年9月，盛宣怀担任邮传部右侍郎期间，邮传部铁路管理传习所成立，11月13日正式开学。他在《邮传部奏创设交通传习所开办情形折》中说：“臣等公同商酌，已于臣部署后创立交通传习所一区，以培养管理人才为宗旨，与唐山、上海各学堂专习技术者，并行不悖，各尽其用。所分学科有二：曰铁路科……是以该所铁路班，分招英法文已优之学生入堂，分授科学，并令英文生兼习法文，俾易接洽，必事情不虞隔阂，斯权力可渐收回。”

1910年2月增设邮电高等班、简易班各一，将其更名为交通传习所，为今日北京交通大学的前身。这是中国第一所培养铁路管理人才的高等学校。

盛宣怀通过北洋大学堂、卢汉铁路学堂、南洋公学、邮传部铁路管理传习所等一批铁路学堂，为近代中国铁路事业培养了不少建设人才，有力地促进了铁路建设事业的发展。虽在办学过程中面临缺乏统一管理、师资短缺、经费紧绌、生源不足、战争动乱等困境，办学条件艰苦，但培养出的铁路建设人才仍在一定程度上满足了近代中国铁路建设事业发展的需要，从而为近代中国经济发展和社会进步做出了贡献。①

九、新型大学为汉冶萍公司输送了技术骨干

1896年5月24日，盛宣怀从张之洞手中正式接办了汉阳铁厂。他同样面临着资金、煤源、产品质量以及技术人才等诸多困难。在他起用老一代管理技术人才郑观应、宗德福、李维格等，留用、聘用外籍专家

---

① 以上参见赵平：《创办近代中国铁路高等学堂的实践评析》，《西南交通大学学报》(社会科学版)2014年5月。

担任铁厂总工程师与工程师，聘请德国高级矿师赖伦、马科斯赴江西、湖南等地寻觅煤矿，解决铁厂急需的煤源时，他考虑更多的是要依靠自己所办的新型大学，来培养铁厂所需的冶金、矿山、工程、机械等人才。

事实上，1895年他在创办北洋大学堂时，在头等学堂就设置了四个专门学(即科系)：工程学、矿务学、机械学、律例学。学生在系统学习理工方面的基础知识，即算术、地理、逻辑、物理、化学、机器制造和采矿等公共课的基础上，另选其中30名优秀者，专修律例、矿务和制造等。

1896年在创办南洋公学时，他又确定“而工艺、机器制造、矿冶诸学，则于公学内已通算化、格致诸生中，各就性质相近者，令其各认专门，略通门径，即挑出归专门学堂肄业”。①

北洋大学堂、南洋公学设置的工程学、矿务学、机械学等科系，为学生打下了较扎实的理工方面的基础知识，为矿务、工程、机器等培养了中国自己的学生。但是，学校缺少实验设施，缺乏实验场所，初创时期所培养的学生，与真正胜任冶金、工程、矿务、机器等施工现场的工程师相比，还是有不少的差距。为此，盛宣怀决定以汉阳铁厂、汉冶萍公司的名义，选拔一批优秀毕业生赴国外进一步深造。

1902年10月，盛宣怀开始资送学生出洋游历，从1902年至1918年，汉阳铁厂及汉冶萍公司先后送培的学生有吴健(上海人，英国谢菲尔德大学冶金专业，硕士)、卢成章(浙江宁波人，英国谢菲尔德大学冶金专业)、郭承恩(广东潮阳人，英国谢菲尔德大学机械专业，学士)、黄锡赓(江西九江人，美国里海大学采矿专业)、杨卓(上海人，美国里海大学矿冶专业，硕士)、陈宏经(美国)、金岳祐(浙江诸暨人，德国矿学专业)、朱福仪(美国威斯康星大学)、程文熙(比利时)、赵昌

① 康雨晴、史瑞琼：《南洋公学和它的两份章程》，《中国科学报》2019年4月3日。

迭(湖北武昌人，美国里海大学冶金专业)等 10 名，学成归国后，他们为汉阳铁厂、汉冶萍公司挑起了大梁。

特别要提到的是，由盛宣怀亲自从南洋公学挑选、由汉阳铁厂送到英国谢菲尔德大学委托培养的留学生吴健。吴健毕业于上海圣约翰大学，后担任南洋公学英文教员，从 1898 年开始，盛宣怀在南洋公学和北洋大学堂挑选优秀者赴欧美等国大学深造，吴健正是其中的一员。这批留学生的留学经费来源不一，“或由公学筹给经费，或由该生自行筹集资斧”，吴健是当时唯一受汉阳铁厂委托培养的学生。

吴健 1902 年抵达英国，1904 年进入谢菲尔德大学攻读冶金专业，他是该校首批获得冶金专业学士学位和硕士学位的学生之一，在获得学位的同时，他还于 1907 年获得了钢铁冶金职业会员资格认证。1908 年底，吴健从英国归来，就回到汉阳铁厂，成为汉阳铁厂的第一位中国工程师。正是这一年，汉阳铁厂与大冶铁矿、萍乡煤矿合并成立汉冶萍公司。吴健挑起了汉冶萍的重任，1912 年 2 月他被委任为总工程师并先后任汉阳铁厂与大冶铁厂的厂长。

此外，1914 年留美学生王宠佑被委任为大冶铁矿矿长，留美学生黄锡赓被委任为萍乡煤矿总矿师，一批归国留学生担任了汉冶萍公司的要职，逐步替代了外籍技术人员。

盛宣怀通过北洋大学堂和南洋公学的专业教育，以及派遣出国留学生到国外深造，为铁厂输送了一批出色的技术与管理骨干，大大提升了汉冶萍公司的生产管理与经营水平。

十、汉冶萍公司培养了一批出色的技术人才

由于煤铁的勘探、钢铁的冶炼与生产在晚清时期的中国是一项全新的事业，从事钢铁生产与管理的，应是专业的技术人才，以及具备专业知识、训练有素的技术工人，因此，从张之洞创办汉阳铁厂之初，到盛宣怀接办铁厂，之后又发展为汉冶萍公司，他们都十分重视人才及人才

的培养，可惜，在科举制度下，国内没有可供任用的技术人才，更谈不上技术工人，最初只能聘用外籍技术人员，以及雇用从事过相关产业的工匠。

从 1890 年筹建汉阳铁厂到 1912 年首个中国人担任总工程师为止的 22 年中，汉阳铁厂先后聘请了 5 名外籍技术人员担任总工程师，他们是贺伯生(英国，1890—1892)、白乃富(比利时，1892—1896)、德培(德国，1896—1897)、堪纳第(美国，1897—1905)、吕柏(卢森堡，1905—1912)。

盛宣怀接办汉阳铁厂时，铁厂原先聘用了 36 名外籍高级技术人员，他提出采用以岗选人的办法，经过考核甄别，留用了 14 名人员。为了勘探和开办萍乡煤矿，铁厂向德国礼和洋行借款，由此萍乡煤矿的勘探、设计、设备采办和修建工程均由德国工程师负责，于是聘用了德国矿师赖伦、马科斯及施密特、李治、马克等人，其中以赖伦最为重要。

当时频繁聘用外籍工程师涉及的因素包括：(1)反映了各国在中国政治经济利益的争夺，西方国家企图通过其工程技术人员控制正在成长中的中国工业，铁厂从外交上考虑，频繁更换工程师，由英国人手中，到比利时人手中、德国人手中、美国人手中，最后又回到比利时人手中；(2)在公司运作中经常发生华洋不合的问题，尤其是 1905 年之前，外籍工程师和中方管理者之间经常出现信任危机，导致危机的原因是多方面的，有外籍人员不称职的，有双方沟通不够的，更有因文化背景差异造成的；(3)外籍工程师在进行勘探和建设工程中，常常遇到当地百姓的敌视和抵制，尤其在萍乡这些相对内陆的地区，因此不得不变更对外籍工程师的聘用。

汉冶萍公司为了改变主要技术岗位过分依赖外籍技术人员的状况，一直努力寻觅和任用国内掌握勘矿、冶炼等方面科技知识的技术人员。这些人大多是早期的出国留学人员，在张之洞时期主要是福州船政局的留学生和早期留美幼童等；盛宣怀接办后，主要是聘用归国留学生，如帮助盛宣怀解决钢材质量问题、后来任汉冶萍公司经理的李维格，留美幼童、湘矿矿师邝荣光，留学生、炼钢厂分董徐庆沅，留日学生、化铁股股长严恩棫等。

汉冶萍公司还十分重视对技术工人的培养，盛宣怀接办铁厂后，铁厂设有专门学堂。1897 年，李维格曾拟了一份《汉阳钢铁厂学堂章程》，规划设立化学、炼铁、炼钢、机器四所学堂。但由于当时经费困难，正规学堂没有办成。然而，汉冶萍公司通过化验室和各车间招收学徒的方式，培养了一批技术工人、化验员和绘图员。

如化验室，在主任骆丙生的带领下从事各项化验工作，他还兼任化学教习，培养技术工人，尤其是 1907 年阿亨博士的加入，化验室有了很大的改善，培养了一批合格的化验人员。1904 年大冶铁矿添设化验所，由铁厂派出一名自己的学生承担此项工作："博矿师意，矿山须添化学堂一所，以资化验，商诸汉厂，拨派一化学生随带化铁药料器具，就矿山公事房内匀出房间安置炉座，求省费而事举。现化学生已抵矿山，月薪二十四元，并由汉厂定。"①

不仅化验室、绘图房及各车间都招收了大量学徒从事绘图、机器装备、火车驾驶、修理等具有技术含量的工作，在实践中培养了众多技术工人，解决了企业缺乏技术工人的困难。外籍技术人员对汉冶萍公司自己培养的这一批技术工人，几乎一致地给予了好评。

1909 年《东方时报》转载了美国一钢铁公司经理马而根的一篇文章，文中讲述了汉阳铁厂的外籍机械工程师杜君对华匠和学生的钦佩："杜君耳，颇赞许华人机械之技能。所用之辘轴，俱华人所自造，唯聘欧洲人一，为之布置而已。……杜君将一亲历之事告余，以证华人之灵敏。前汉厂由美国购到火车头一部，到厂后尚须一小分装配，以成一体。然当时细图尚未到华，某华匠目不知，杜君也未提及，乃不久车头已装成，而在厂中之铁道上行驶，系该匠目之功。杜君甚为诧异。余问杜君

① 见盛档，《宗德福致盛宣怀函》，光绪三十年十一月二十三日。

云，此非奇能乎。杜君云，若细图未到，余亦不能装配。杜君又述及华人作事之准确详细，只观绘图房学习绘图之少年，当摹仿图样时，见原稿上有偶然之墨迹污点，即仿抄之。”

技术上依靠自己，把教育、人才放在优先位置，是盛宣怀创办汉冶萍公司始终遵循的原则，这一原则至今仍有其现实意义。

十一、中国第一部钢轨制造技术标准产生

汉阳铁厂解决了钢材的质量问题，炼出了真正合格的钢材，此后，盛宣怀积极筹备将汉阳铁厂、大冶铁矿、萍乡煤矿三者组建为煤铁钢联合企业——汉冶萍公司，在扩大生产规模的同时，进一步提升产品的质量。

铁厂生产的钢制品，主要施用于铁路钢轨，因为铁厂兴办的主要目的就是为了修建卢汉铁路(即京汉铁路)。作为中国最早的钢轨制造企业，汉冶萍公司为卢汉铁路及其东南西北支线的伸展，提供了合格的钢轨，先后承造了京汉、津浦、正太、陇海、沪杭甬、粤汉、株萍、南浔、广九等铁路的钢轨。据统计：粤汉铁路(广州至汉口)全长 1096 公里，其中的 670 公里使用“汉轨”；正太铁路(石家庄至太原，为卢汉支线)全长 123 公里，1907 年 10 月通车，全部使用“汉轨”；津浦铁路(天津至浦口)全长 1009.5 公里，1911 年完工，其中北段中 290 公里使用“汉轨”；广九铁路(广州大沙头至九龙)全长 179 公里，分华、英两段，其中华段由大沙头至深圳长 143 公里，全部使用“汉轨”；吉长铁路(吉林至长春)全长 127 公里，1912 年通车，全部使用“汉轨”。此外，“沪杭甬”使用“汉轨”185 公里，“株萍”使用 90 公里，“陇海”使用 456 公里，“四洮”使用 88 公里，“南浔”使用 78 公里。①

---

① 顾必阶：《中国铁路建设与汉冶萍》，《第二届汉冶萍国际学术研讨会论文集》。

从1897年起，盛宣怀与比利时银行在汉口签订卢汉铁路借款合同17款，其中就有“比公司举荐总工程师监修路工”这一款，以卢汉铁路借款合同为蓝本，以后各路借款合同中均确定由债权方举荐工程师监修铁路。由于中国尚无钢轨制造标准，各国工程师依照本国钢轨样式来设计和修建铁路，各条铁路钢轨轨式各不相同，美国、英国、法国、比利时等国钢轨样式五花八门，使得汉冶萍公司无法进行规模化生产，对未来铁路通行也带来不少后患，为此，汉冶萍公司将钢轨制造标准的制定提到议事日程上来。

集中和连续生产是提高轧钢效率的关键，而集中和连续生产的前提是标准化，如钢轨的标准化。20世纪初，英国和其他欧洲国家正是通过产品的标准化，从而提高生产效率和降低成本，也为提升钢轨质量奠定了基础。

1911年4月，盛宣怀与英、法、德、美四国银团签订《湖北湖南两省境内粤汉铁路湖北境内川汉铁路借款合同》，合同约定选用英国人为湘鄂段总工程师，英国人格林森受聘担任了该职。格林森在中国已经有好多年，曾经参与津浦铁路的设计，担任过沪宁铁路总工程师。格林森与汉冶萍公司总办李维格的交情很好，① 而粤汉川汉铁路当时是汉冶萍公司最大的客户：“厂中钢轨现已拉完，日盼部饬议订川粤汉购轨合同，即可开拉。”②在李维格的推荐下，盛宣怀选定格林森作为钢轨制造验收章程的议定者。

1911年7月，汉冶萍公司在总办李维格的主持下，以英国通行章程为蓝本，拟订了《八十五磅钢轨及附属品制造验收通行章程》。该标准以英式85磅轨为标准，详细规定了85磅钢轨及附属品的样板、制造法、化验、剪裁、整齐、长度、钻孔、标志、试验法、试验器具、出钢号数及日期登记、试验费、剔退钢轨记号等规范，并附有样板图纸和计

---

① 见盛档，《李维格致盛宣怀函》，宣统三年五月初五日。

② 见盛档，《李维格致盛宣怀函》，宣统三年五月二十八日。

算方法。① 7 月 13 日，该章程与湘鄂段总工程师格林森商议后正式确定，李维格在给盛宣怀的信中说："验收钢轨等件规则已与格林森议定，兹特具禀呈部，务乞即日具奏颁行，愈速愈好，此事与厂甚有关系也"，② 希望盛宣怀以邮传部名义上奏清政府。1911 年 8 月，清政府准奏，由邮传部颁布该标准。我国第一部钢轨制造技术标准由此产生，它统一了中国干线铁路钢轨样式规格以及制造、验收标准。

由于辛亥革命爆发，该标准还未来得及实施，就随着清政府的覆灭而失效了。

辛亥革命之后，由于标准失去了官方地位，铁路工程的修建仍然未能统一，汉冶萍公司只能依靠自己的力量与客户再三磋商，将钢轨纳入标准之内。

1913 年李维格在《时报》上发表文章《中国钢铁实业之将来》，总结中国铁业不能发达的两个原因：一无国家保护，二无统一标准，呼吁政府加以重视。

同时汉冶萍公司致函交通部，希望借助交通部的力量推行这一标准，并恳请早日颁布轨制标准，但是，新建立的民国政府无暇顾及于此。

1915 年，政府颁布民业铁路法，规定铁路的建筑方法及车辆构造，应依交通部核定之工程方法及车辆图式说明书办理。此时汉冶萍公司的钢轨制造标准仍然没有官方地位，于是公司希望借助铁路法的颁布，再次说服交通部，将公司先前制定的 85 磅及后又增定的 60 磅钢轨标准，予以正式颁布。但是，交通部始终没有正式回应汉冶萍公司的请求。

1914 年，新成立的中华工程师会在第四期会报上全文登载了《规定八十五磅钢轨及附属品制造验收通行章程》，只是将原先标题中的"奏

① 方一兵：《汉冶萍公司与中国近代钢铁技术移植》，科学出版社 2011 年版，第 90 页。

② 见盛档，《李维格致盛宣怀函》，宣统三年六月十八日。

定”二字，改成了“规定”二字。中华工程师会会报将此标准刊出，表示此标准已得到铁路工程师团体以及业内的认可，由于汉冶萍公司是国内当时唯一的钢轨制造商，该标准实际上起到了临时统一中国钢轨标准的作用，得以在国内实施。

我国第一部钢轨制造技术标准的制定与实施，对我国工业技术、制造业的发展是有深刻意义的，它为规范制造业技术标准提供了一个范式，为我国提升制造业产品质量开了一个好头。

我国第一部钢轨制造技术标准的产生，充分表明了盛宣怀重视教育、重视人才的思想与举措，必然会给各种项目、工程、行业、产品带来良好的结果，保障了它们的质量。

甲午战争失败后，盛宣怀率先提出“自强首在储才，储才必先兴学”的主张。尽管当时刚创办的北洋大学堂、南洋公学还不可能满足他所创办的银行、铁厂与铁路对人才的需求，但是，他在办银行、铁厂、铁路的过程中，对选用人才是格外用心了，而且，千方百计通过学堂培养实业所需的矿务人才、钢铁人才、铁路人才、工程人才、商务人才、法律人才等；通过办达成馆为实业输送急需的人才；通过派遣留学生培养更高层次的人才。

北洋大学堂、南洋公学为盛宣怀在国家极其困难的情况下，顺利开办中国自己的第一家银行；建成以卢汉铁路为核心，东面沪宁通上海，西面汴洛达关中，北面京津通吉林，南面粤汉达两广的中国最早的铁路框架；办成当时亚洲最大的钢铁托拉斯——汉冶萍煤铁厂矿有限公司，在人才与技术上提供了条件。教育、人才优先，从盛宣怀这一时期的实践中，再次得到了验证。

第六章　与教育相关的各项事业

一、出巨资，编刻《常州先哲遗书》

盛宣怀虽然年轻时没有中举，且一生忙于发展中国的实业，但是他却十分勤奋好学，手不释卷，与图书有着一种特殊的情结。

早年盛宣怀曾协助父亲盛康编辑《皇朝经世文续编》一书，在急剧变化的时代里，盛康反对恪守教条、专注制艺，仿照著名思想家魏源编著的《皇朝经世文编》，也从吏政、户政、兵政、工政等八方面收录文选120卷。盛宣怀的常州同乡汪洵擅长小篆和刻印，1887年盛宣怀命正在天津的汪洵，为协助编辑《皇朝经世文续编》收集有关洋务的各类文章，盛康在盛宣怀及孙子盛昌颐的协助下，编辑了《皇朝经世文续编》，盛康希望用经世致用的实学来治理国家和社会。

盛宣怀一生忙于经办实业，没有更多的时间著书立说，晚岁闲居，手选新旧养生家言，刊成卫生丛书若干种。自著有《奏议》二十卷，《电报》六十卷，《公牍书函》若干卷，定为《愚斋存稿》。在世时编刻未能完成，后人终于将《愚斋存稿》刊出。

在著述与编辑的过程中，盛宣怀发现家乡的藏书家有刊刻家乡先贤文献的传统。在藏书家、校勘家缪荃孙的建议下，盛宣怀组织人员搜辑《常州先哲遗书》前后集，多为罕见之本。

盛宣怀秉承着“中学为体，西学为用”的思想，在大办实业的同时，为了薪火传承，保存地方文献，“萃前辈之精神，为后人之模范”，毅然决定要为“江山代有才人出”“江南无与常匹俦”的家乡常州编辑一部前无古人的《常州先哲遗书》，将曾经在历史上大放异彩的常州先哲大师们的著作汇集起来，让常州的子子孙孙传承先哲“究天人之际，通古今之变”的精神内涵。该书从校勘到钞校到刻字全由名家负责。该书刊刻极精雅，堪称近代郡邑丛书之冠。

《常州先哲遗书》是一部“地方性丛书”，由盛宣怀出资主编。刻书于 1895—1911 年，距今已有百多年。缪荃孙是《常州先哲遗书》的实际主编。该丛书是把多种单独的著作汇集起来，给它冠以一个总名称的一套书。《常州先哲遗书》分为前、后编共 77 种，745 卷，11004 页，约 770.28 万字。《前编》第一集 46 种，除“附”为清人著作外，余多为宋明人作品，刊刻于光绪二十一年至二十三年(1895—1897)。《后编》则多为明清人著作，有光绪二十五年序(1899 年)，光绪三十四年至宣统三年(1908—1911)刻成。每书后皆有盛宣怀的跋文，仿四库体例，介绍作者、版本、内容等情况。全书板式整齐划一，出自湖北陶子麟之手，刊刻精良。

《常州先哲遗书》的面世，在清末学术界、出版界，曾引起很大的反响，被喻为出版界的“师资”。清末大儒叶德辉，在其被誉为中国版本目录学“里程碑式的作品”《书林清话》有关《刻乡先哲之书》中，批评了许多滥刻书籍后，盛赞“唯《常州先哲遗书》，出自缪艺风(缪荃孙)老人手定，抉择严谨，刻手亦工。后有作者，当取以为师资也”。

盛宣怀出巨资、缪荃孙花费很大精力编撰刻印完《常州先哲遗书》，使很多常州地方珍贵文献没有失传，流传至今，后人才得以一睹古人的风采，了解古人的思想、艺术和科技成果。

刻字的好坏关系到书的形式美，缪荃孙所刻书多出于湖北陶子麟和南京李义和之手。两人均为当时较有名气的刻字工人，其中陶子麟尤善仿宋体，最为古雅。缪荃孙刊刻的丛书文质并美，当时备受好评。

《常州先哲遗书》印出来后，好评如潮，在民间广为流传，文化教育人士往往将这套丛书作为珍贵礼物赠送亲友。可以说在文献学上，《常州先哲遗书》刻本在一定程度上就是善本和精品的代名词，具有极高的艺术价值和审美价值。

2006年常州文化部门计划将盛宣怀出资主编的《常州先哲遗书》重新出版，列入常州文化“十一五”发展重点项目，至2010年3月全书得以正式出版。

二、盛宣怀与苏州藏书

苏州阊门内铁瓶巷，有一所大宅院，名曰过云楼。过云楼是清代怡园主人顾文彬收藏文物书画、古董的地方。楼前庭院除叠筑假山花坛外，还种植名贵花木，保持了硬山重檐、门窗古雅、雕刻精细的建筑风貌。

盛宣怀年轻时在苏州与顾文彬、顾承父子合开典当的时候，就闻知顾氏居住的铁瓶巷内，有一座过云楼，藏有大量的古代书法名画、善本古籍等。过云楼以收藏名贵书画著称，享有“江南第一家”之美誉。过云楼藏书终年置于密室，顾氏对家藏善本书籍秘而不宣，亦不许人登楼一观，这反而引起不少人的关注，自然也引起青年盛宣怀的兴趣。当然，他始终没有机会登上过云楼去翻阅顾家的藏书。

为何这样，今人无从知晓。但也就是这么一条家规，使顾氏藏书大部分得以流传至今。从这一点来说，顾家的藏书是幸运的。最有趣的是，民国时期，顾氏后人顾鹤逸的朋友傅增湘先生曾要求借阅藏书，主人碍于情面，同意其在楼内观书，但附加了一个十分苛刻的条件，看书时不能带纸砚抄写。于是傅氏每天观书数种，归而记其书目，写成《顾鹤逸藏书目》，发表在《国立北平图书馆馆刊》第五卷第六号上。根据传说，过云楼里面有一个密室，顾家的古籍善本就是放在这个密室里的。

顾氏保存的善本都极为完好，整洁如新，宋本纸张洁白，字大悦目，确实是艺术珍品，重要的文化遗产。在2005年春季嘉德全国古籍善本拍卖会上，过云楼所藏近 500 册流传有序、保存完好的珍贵古籍，包括 40 册流传 800 年世人罕见的海内孤本宋刻《锦绣万花谷》，以 2310 万元的价格被一神秘买家整体买下。苏州图书馆也曾设想使该批古籍重返苏州，可是最后由于经费难以筹集，只能放弃。

苏州私家藏书聚散无常，但流传有序。所谓“物聚必散，久散复聚”，说的就是这个道理。

清代，苏州藏书在全国是首屈一指的。清乾隆三十七年(1772 年)开“四库馆”，搜罗全国遗书。由两江总督、江苏巡抚、两淮盐院呈进的有 4666 种，占第一位，而苏州地区又在其中占了很大的比重。

苏州藏书家对所藏的图书，大多经过整饬、修补和装潢，以至分类、编目和标签，有一定保管利用规则。他们大多精于校雠，所以往往皆有善本。许多藏书家还对藏书进行了批阅、提要、校勘和考证。盛宣怀对苏州的藏书家十分尊重与钦佩，对苏州的藏书楼也十分关注，并且很注意收购苏州藏书家的藏书。

1904 年以后，盛宣怀由于宦途浮沉，加上丧子之痛，在治事之余，颇寄情于图书金石书画，也以此遣怀。他托人四处打听收购图书，数年中大有收获，包含苏州江标灵鹣阁的不少旧藏，以及常熟赵氏旧山楼等的藏书。

江标，亦被称为灵鹣阁江氏，字建霞，元和(今苏州)人，生于 1859 年，死于 1899 年，年仅 40 岁。1889 年取得进士，被任命为翰林院编修，做过湖南学政，是戊戌维新变法运动的重要人物。江标是版本目录学家，著有《宋元行格表》《黄荛圃年谱》《沅湘通艺录》等。清光绪年间江标汇辑经说、书画、目录、地志、传记、笔记等著作，以金石书为最多。此外，他还有八种介绍西洋的政治、学术、风俗的书籍，被藏书界称为“新旧兼收”的丛书家。江家的藏书十分丰富，死后唯留藏书十橱，后为盛宣怀所得。

赵宗建，清末藏书家，字次侯，一字次公，一作次山，号非昔居士，常熟人。他文采斐然，然而他与盛宣怀一样，数次考试均未中，以太常博士就试于京兆，独居野寺，不与人来往。他居于北山之麓，造园林，建藏书楼名“旧山楼”。赵宗建广购博收，他的藏书日益繁富。其藏书大多为抄校稿本、仿宋刊本、明刊本及清代精刻本，文献价值极高，有大量稀有版本，如司马光写《资治通鉴》草稿、朱子写《大学章句》草稿、徐霞客的手书游记底稿、钱曾手写的藏书目录、钱谦益日记以及大量的宋元珍籍、名人日记、信札等。赵宗建去世后，藏书多被盛宣怀等人购得。

盛宣怀收集藏书有三个鲜明的特点：一是主张藏书要古今兼收，中外并蓄；二是主张藏书要注重实用；三是主张藏书要向社会开放。这些于今仍有借鉴意义。他从办实业、办教育的实践过程中体会到，自己不必像苏州藏书家那样去建一座藏书楼，而应该去建一座图书馆，让图书馆真正成为广大图书爱好者之家。

三、盛宣怀与“愚斋”图书馆

在“自强首在储才，储才必先兴学”的宏愿下，盛宣怀先后创办了北洋大学堂与南洋公学。在南洋公学办学已近十年之际，1906 年，盛宣怀考虑到上海作为当时全国第一大城市，没有一所公共图书馆，与上海大都市的地位不相符。于是与时任两江总督的端方相约在上海合建“淞滨金石图书院”，将各自所藏的图书公布天下。他希望通过创办公共图书馆，让更多的普通人受益。为此，盛宣怀特刻就一方“贻之子孙不如公诸同好”的印章。后因端方对盛宣怀的几度催促践约都没有下文，盛只好自行其志，他克服困难，将在上海建造图书馆作为他的一项重要事业。

1908 年(光绪三十四年)盛宣怀东渡日本就医，同时考察日本的实业和风土人情，其中主要内容之一是考察日本的图书馆。到达日本一个星期之后，即八月二十一日，他就去参观日本私立大桥图书馆，该馆赠送给盛宣怀大桥图书馆的章程、书目、年报等资料。二十三日，时在东京养病的著名出版家张元济专程访问盛宣怀，盛宣怀与他谈道：“此来欲观览图书馆、博物院章程，以便在沪仿行。”九月十日(以上皆为农历)，盛宣怀参观考察日本的帝国图书馆，他在《东游日记》中写道：“帝国图书馆，大楼二层，规模宏敞。藏书楼共八层，每层高仅七尺，书架称是便于取携，每日看书者七八百人。据接待员云：‘所藏宋板及钞本不少，惟不付阅。’其阅览室分特别、寻常、妇女三处，入阅须先购券，特别券纳资五十钱，寻常三十，卷帙浩繁不可细观。购取其书目一部，并留题游日以志鸿雪。”盛宣怀不枉此行，回国后就着手筹建上海图书馆。

1909 年 3 月 28 日，盛宣怀又去函日本，委托赴日求读的侄孙但焘代为考察帝国图书馆，该馆馆长太田氏接待了但焘。当太田氏询问盛宣怀是想建国家图书馆还是私家图书馆时，“焘告以由宫保(盛宣怀)独立创办，期为全国楷模”。1909 年 4 月 25 日、28 日但焘连发两函将考察详情禀告盛宣怀，并附手绘书架草图。但焘还考察过早稻田大学图书馆，将该馆章程翻译后寄给盛宣怀。盛宣怀亲笔批语“阅过原文，请寄一份其房屋式样，请绘示”，这些说明盛宣怀对建馆已谋划很久。

盛宣怀图书馆的藏书，除了平时收集，以及托人到江南等地的藏书楼收购之外，另一来源是在东瀛购书。盛宣怀到日本就医的那年，除考察日本现代图书馆外，还亲自逛书肆，选购图书，他在日记中写道：“向闻日本颇有旧书，因赴神田各书肆购求。惜维新以后，讲究新学者多，旧书寥如星辰，书贾专事营运，亦不收买。过十数家不得一部……只选购日本理财等书数十种而归。”正当盛宣怀无所收获之时，在日本留学的沈祚延与但焘听说他要在日本购书，就主动拜访，并介绍日本东京求文堂旧书最多。于是，即由但焘陪同赴求文堂购书。盛宣怀在当日的日记中写道：“中国书籍不少，而精本标价极昂。内有钞本《钦定西清砚谱》一部，计二十五卷，乾隆四十三年奉敕撰，凡陶之属六卷、石之属十五卷，共砚二百，为图四百六十有四，附录三卷。……每砚正背二图，亦间及侧面。凡御题及诸家铭识，一一钩摹，精好绝伦。称系内府藏本，问其价二千元。”从日记中可见盛宣怀在日本购书之用心。次日，求文堂的主人就送书上门求售了。盛宣怀一次就买下几百种书的消息在东京传开后，日本书肆听说大主顾到来，纷纷送书上门求售，盛宣怀在日本除大量收购中国古籍外，还购买了日本出版的科技、政法、经济类图书。他在日本短短三月余，先后购得各类图书 1500 部以上，并收到一些日本朋友赠送的图书。

盛宣怀回国后，依然随时注重图书的购置、收藏，注意根据自己的特定需要补充图书。

1910 年盛宣怀在上海住所的东面，拨出六亩五分地建造中国首家私人公共图书馆——“愚斋”图书馆，亲自规划与布置场馆的建筑与庭园，工程由通和洋行承办。有意思的是，为了建造图书馆，他竟专门聘请了苏州同里风水先生叶嘉棣为建造图书馆诹吉。仅用了半年的时间，图书馆就落成了。

图书馆分普通看书处、特别看书处、女客看书处、售票处、办事处。阅览区域为二层楼，藏书区域为四层楼。工程验收后仍由通和洋行照看，以应付各处洋人前来参观。清朝末代皇帝溥仪赏赐“惠周多士”的匾额。

图书馆收藏的图书有十余万册，古籍包括经史子集四部、66607 册，与部分未及分类的书，总计多达 8380 种、81855 册。其中绝大部分由江南藏家散出，有苏州江氏的“灵鹣阁”，常熟赵氏的“旧山楼”，巴陵方氏的“碧琳琅馆”，杭州王氏的“退圃”等。此外，还包括从日本等地购得的一部分图书。

将收购的十余万册图书(其中大部分为古籍)有序编目不是一件轻易的事，此项工程由首任上海图书馆总纂罗榘主持。罗去世后，盛宣怀延请名家缪荃孙继任总纂。缪荃孙编的《愚斋图书馆藏书目录》有两种：一是《愚斋藏书目录》31 册，一是《盛氏图书馆善本书目》1 册。

盛宣怀藏书迁入新建成的馆址后，于 1913 年着手筹备图书馆对外开放事宜，这成了盛宣怀对文化事业最后的活动了。尽管由于后来的波折，图书馆没有向市民开放，但他的这种文化意识，对文化公益事业尽力之精神，是永远值得后人称道的。

四、盛宣怀的禅意人生

1876 年阴历四月初一，盛宣怀的父亲盛康购得了留园(之前称之为“寒碧庄”)，随后盛康就扩地重修，他在对旧园的主景、建筑、园艺等进行精心修葺的时候，很注重在园内构造出一种参禅的环境与氛围。

盛康功成名就后归隐留园，是希望在这方净土中参悟人生，寻求超脱。盛康为了参禅，特意在园内建造了家庵，并用自己晚年的号“待云”予以命名。不仅如此，他还将园中多处景点题上带有禅意的名称，如“闻木樨香轩”、“自在处”等。待云庵西廊壁上嵌有两方石刻“白云怡意”“清泉洗心”，也表达了同样的意境。在庵的正南方有一座半亭“亦不二亭”，其名也深含禅意。由待云庵往南，空间由大变小，视线由分散而集中，走在丛丛修竹依依小草之间，微微可感悟到园主参禅的情境。

参禅除了要静下心来思考问题，也需要有一个读书的环境，因此盛康又修建了“还读我书斋”“揖峰轩”“西楼”“鹤所”“汲古得修绠”等多处建筑。这些建筑主要是作为读书及书法、绘画、吟诗的场所。“汲古得修绠”实际上也是书房，房名取自韩愈《秋怀》诗“归愚识夷涂，汲古得修绠”，指做学问犹如到深井中去打水，短绳无法打到深井水。要获得高深的学问，必须用修绠。还有“鹤所”，昔日仙鹤放养在假山下，自由自在，与山上青松相伴，构成一幅生动的松鹤长寿图，营造了一种颐养天年的图景。

留园北部的“又一村”内，在扩建留园时，保留了一片菜田和数间茅屋，并饲养鸡、鸭、鹅、羊等，一派农家田园风光，盛康有意在园林内营造出这种回归田园的气氛。1902 年，盛康 88 岁，他在留园已经整整生活了 26 年，看到儿子盛宣怀已功成名就，于是无牵无挂地驾鹤西去。

接着盛宣怀成了留园的主人，当时他在事业上已经达到了顶峰，留园成了盛宣怀穿梭于京、津、沪等地途中难得小憩的驿站，也是他在官场、商海中受挫时休养生息的后花园。1906 年他因办汉冶萍公司与张之洞意见相左，流露出“俟得替人可以接手，即当寻桃源入山，唯恐不深矣”之意。

随着晚清朝廷的摇摇欲坠、仕途的频频沉浮，加之老年丧子(他的长子盛昌颐于 1909 年去世)的隐隐作痛，他在治事之余，除了为筹备“愚斋”图书馆操心之外，多了一份休闲的心境。辛亥革命后，盛宣怀流亡日本。1913 年回国后在给友人的信中说：“归国后故园独处，书画自娱，如梦初醒，不欲知秦汉以后事。”留园西部的缘溪行一带的桃源意境，似乎是为盛宣怀“不欲知秦汉以后事”的心境而特意营构的。

盛宣怀也利用闲暇时间，摆弄园中的花草，以至后山上的花草长得更加鲜艳、茂盛，颜色一度超过了 20 种。有的时候，他也会让家人带着小辈一起到苏州留园游玩。有一次，盛宣怀看着园中盛开的鲜花，突然很有兴致地根据他长子的四个女儿出生时盛开的鲜花或果树结果的时间，分别给她们取名为蓉宝、菊宝、茶宝与橙宝。

盛宣怀对“留园三峰”：冠云峰、岫云峰、瑞云峰尤其喜爱，每次到留园来休闲，都会在冠云楼内品茶，并观赏“留园三峰”。

留园鸳鸯厅北的主景是冠云峰。冠云峰是留园的一宝。北宋末年宋徽宗为建造皇家园林，委任朱勔广搜江南奇花异草和湖石名峰。苏州太湖盛产名贵石峰，是朱勔必到之地。北宋灭亡，朱勔被杀，已搜集的一批湖石名峰未及北运，就留在了江南，冠云峰就是侥幸留存的一峰。其后几经周折，这一宝石终被盛宣怀的父亲盛康购得。盛康也可算作一位“石痴”，为欣赏此峰，专门在冠云峰周围建造了一组楼、台、亭、榭，并以“冠云”命名。冠云峰高 6.5 米，是国内最高的湖石名峰，古人品赏石峰有四项审美标准，即瘦、透、漏、皱。冠云峰从哪个角度说，都堪称十分完美。冠云峰两侧还有两座较高的湖石峰，西边的为岫云，东边的为瑞云，三峰相伴，如同姐妹，合称“留园三峰”。冠云峰入留园时曾轰动一时，大师俞樾为此特地撰写了《冠云峰赞有序》，被镌刻在屏门板上。

盛宣怀四子盛恩颐所生的三个女儿，就分别被盛宣怀取名为冠云、瑞云和岫云，传说那三峰，原是三个天上下凡的仙女呀！大女儿毓青，小名冠云，就是苏州留园里那高耸的冠云峰的意思。

盛宣怀也想安下心来，长久在留园住下，像父亲盛康那样，在这里参悟人生。然而，世事难料，1916 年 4 月 27 日，他在成就了一生的事业之后，撒手人寰。命运未能遂了他的这一心愿。家族后人考虑到盛宣怀在世的时候没有尽兴地到苏州留园来休息过，过世后想让他好好地在留园停歇下来。于是，将盛宣怀的棺椁在留园义庄停放了两年时间。

1920 年二月二十一日(农历)，盛宣怀的棺椁由一支庞大的船队，运到江阴马镇(今徐霞客镇)，名为老旸岐的墓园安葬。老旸岐这块墓园是由其父亲盛康早年买下的，占地 72 余亩。太平军进犯苏南地区的时候，盛宣怀曾随长辈到那里避过难；从地形地貌看，一旷平地三面临水，水通运河，而运河又通海，可谓一块风水宝地。盛宣怀的祖父盛隆、父亲盛康，及盛宣怀三代都先后安葬于此。

盛氏家族与佛有缘，热心于佛教的传播与发展，家族中的曾祖母、祖母辈的妇人都烧香拜佛。历史上曾记载，盛宣怀及家族成员，初建了上海的“玉佛寺”，并对多处名刹寺院，如常州天宁寺、上海静安寺、普陀山惠济寺、杭州灵隐寺、苏州西园寺、苏州报恩寺等的修缮予以捐助。这些寺庙，也是家族成员经常出没的地方。佛家思想教育人们要行善积福，行义积德，为社会多做点好事，给自己留点好名声。盛宣怀对佛学思想的传播十分自觉，他在留下的墨迹中写道：“积善余庆贞固干事，永锡难老美意延年。”他对“行善”有自己的追求和认识，晚年他有一个名号叫“止叟”，他解释这个名号的由来：那是从《礼记·大学》中“止于至善”这句话引申来的。他说他把行善作为自己的归宿，至死也要做善事，追求人生的完美。他不仅自己践行，还希望有更多的人行善积福，行义积德。

常州城里还传说，有一年天宁寺要翻建大殿，大兴土木，正要动工之际，遭地方乡绅反对，认为寺庙不能超过附近县学的高度，超过后常州就出不了状元了。双方争执不下，最后还是盛宣怀出了面，在朝廷面前说了话，为天宁寺争理，才使得天宁寺胜诉，使天宁寺的大殿得以重建。

苏州西园寺，东近以古典园林闻名的留园，西邻幽寂的寒山古寺，北倚美丽的虎丘风景区，南临阊门运河，地理位置得天独厚，是巧妙融佛教殿堂与苏州园林于一体的寺院。

同治年间，盛康还在浙江任上，他与吴郡士绅共同倡议修复西园寺，至清同治、光绪年间(1869—1892)，盛康、盛宣怀邀紫竹林寺方丈荣通及其徒广慧来此重兴。广慧法师自承担大任之后，托钵四方，化缘重建戒幢律寺。从 43 岁到 73 岁的 30 年中，广慧法师先后主持修建了大雄宝殿、天王殿、观音殿、罗汉堂、神堂及藏经楼等 200 余间，又辟西花园广仁放生池，并完成了内部塑像的建造。到光绪二十九年(1903)，西园寺已成为一座融园林于一体的苏州最大规模的庙宇。

西园寺内古木幽深，梵宇重重，绿茵曲水，鸟语花香，经声梵乐中怡然使人步入了一个清净庄严的伽蓝圣地。临闹市而无喧嚣，近尘寰而不污染。钟鱼梵呗，涤除烦恼之扰；绿荫亭阁，缓解人生辛劳；白云流水，怡然漫步，于身于心，都是一种美的享受。在这里，可以目睹五百罗汉的各异神态，又可领略曲径通幽的悠闲情趣。寺院的最外围照壁，黄墙黛瓦，顶上有双龙盘绕，可以说是寺院的屏障。正面写着“戒幢律寺”四个大字。照壁的两边就是福德桥和智慧桥，横跨于上塘河上，成为西园寺接引信众、游人的第一步。走下福德桥、智慧桥，便是御赐牌楼，它建于清朝光绪年间(1903 年)，广慧老和尚 50 岁时亲自到北京恭请《龙藏》(佛教《大藏经》的一种)入寺，光绪皇帝敕赐“紫衣沙门，震国戒幢”匾额。

山门前，广植古树名木林场的南端，建有一座花岗岩的石牌坊，两侧镌刻着一副对联："佛日增辉重开阛阓；宗风振律大启丛林。"横额，光绪年间盛宣怀题写了"敕赐西园戒幢律寺"八个大字。"敕赐"，即这一石牌坊是奉皇帝之命所建也。当时盛宣怀任清廷工部左侍郎、邮传部尚书，他经手创办了多个大型官办、商办企业，已是时代的风云人物。由此可见，西园戒幢律寺在当时的地位之高。

常熟城区西南隅翁府前有一座"赵园"，与曾园相邻。原为明万历御史钱岱所筑"小辋川"部分遗址。清嘉庆、道光年间为邑人吴峻基所有，初名水壶园，又名水吾园。清同治、光绪年间，园归阳湖赵烈文所有，门额"静圃"，俗称赵吾园。时赵宦游易州，由夫人邓廷桢之女邓嘉祥及内弟邓家缉襄其园事。

赵园园门东向，傍临九万圩。全园以水景取胜，景点皆环池而筑，参差错落，布置得宜。"能静居"南向为居室，是一座三进院落。西行贯长廊，名"先春"。廊中有榭北向，设石制几案。又西侧北面有经堂五间。直西长廊名"殿春"，折而向北，依围墙而筑，中置八角及方形水榭各一。

临园墙处老柳盈堤，偃卧波上，远望虞山峰峦亘绵，蔚然深秀。廊北端建桥名"柳风"，城河之水自柳风桥入，名"静溪"。溪之北有楼，名"天放楼"，南向，为赵烈文藏书处。溪南有假山耸立，暗岚挺秀，掩映波光。山西麓有石梁与柳风桥通，山南有九曲石桥跨水面，中设石台，绕以石凳，南达"似舫"石船。舫后有老柳数株，名"舫楼柳浪"，涧溪曲折索回，旁有湖石假山一座，玲珑剔透，俊秀挺拔。折而东又有黄石假山，平岗小坂，上置石井栏一，镌赵烈文书题"梅泉"。

民国初年盛宣怀购得赵园，之后盛氏将赵园赠与常州天宁寺，赵园即成为常州天宁寺的下院，故又更名宁静莲社。

苏州的报恩寺塔，也被称为"北寺塔"，是中国现存最高大的砖木结构古塔。北寺塔也是苏州最古老的佛寺，距今已有1700多年，始建于三国吴赤乌年间（238—251），相传是孙权母亲吴太夫人舍宅而建，古称"通玄寺"。

南朝梁代中大通年间，通玄寺僧正慧募捐在寺中建造了11层宝塔，后被焚毁。北宋元丰七年(1084年)重建，诗人苏轼舍铜龟盛放舍利供奉塔中。建炎四年(1130年)，金兵南侵，焚掠平江(苏州)，塔与寺同时毁损。现存之塔为绍兴二十三年(1153年)行者金大圆主持募建的九级塔。明清几度修葺，1965年至1967年又全面整修。

据梁简文帝所撰《吴郡浮海石象铭》称，该寺始名通玄寺，建于三国吴赤乌十年(247年)至十三年(250年)。唐代开元二十六年(738年)，皇上玄宗诏命天下各大郡置寺，以年号为寺名。苏州地方官绅应诏，将通玄寺易名为“开元寺”。

北宋崇宁三年(1104年)端阳节，报恩寺迎请佛牙舍利，徽宗赵佶写《佛牙舍利赞》一文，并赐寺号“万岁”，寺遂易名“报恩万岁寺”，南宋淳祐五年(1245年)，奉名为“报恩万岁贤首教寺”。

报恩寺在历史的长河中，兴废多次，饱经沧桑。隋朝灭陈时，寺内刻经石壁和殿堂废毁；南宋金兵南侵时，殿塔俱损；明朝正德年间，宝塔遭雷击起火，殃及卧佛大殿，一夜之间殿塔尽焚坏；清咸丰、同治年间，太平军攻占苏州及李鸿章部下进攻苏城，两次战祸，仅宝塔和寥寥数殿残留在废墟之中，围墙损坏，山门改为经道，寺内一度被驻军占据和作为弹药仓库。直到清朝光绪二十四年(1898年)天台宗敏曦高僧来主持寺院时，他的弟子们相继募捐修理，收回被占用的殿阁，把报恩寺称作报恩讲寺。

1919年，围墙被重新修葺，但墙内面积只有60多亩，仅为昔日全盛时的一半。在墙外存有散殿四处。在盛宣怀的庄夫人等的资助下，重建大雄宝殿，到1924年才竣工。

庄夫人对佛事十分尽心，她在上海静安寺路(南京西路)的老公馆里，常年雇着十几个裁缝和绣工，主要任务就是为上海、苏州和常州的寺庙制作绣品，如椅披、台布、帐幔、坐垫、门帘等。

辛亥革命期间寺庙被毁，住持宏法和尚将玉佛移奉麦根路(今淮安路)别院。盛宣怀去世后，1918年，庄夫人让出公共租界槟榔路(今安远路)土地十余亩重新建玉佛寺，可成和尚负责修建事宜，经十年之久寺庙方落成。该寺属禅宗临济宗，定名为玉佛禅寺。全寺占地十余亩，共三进殿堂，分别为天王殿、大雄宝殿、方丈室。方丈室楼上为玉佛楼，楼中供奉玉佛坐像，并藏有清乾隆版《大藏经》一部，右侧卧佛堂内供玉佛卧像。

庄夫人一生与佛为缘，盛宣怀去世后，她更专注于佛事，修葺报恩寺为她在苏州又留下了佛名。

第七章　对盛宣怀办教育影响较大的人物

一、坚持实事求是、因材施教的盛康

盛康(1814—1902)，字勗存，号旭人，别号待云庵主，晚号留园主人，江苏武进人。其子乃为盛宣怀。道光二十年(1840 年)中举，道光二十四年(1844 年)进士，初任铜陵令，后任庐州府、宁国府知府、和州直隶州知州。曾在那里治水赈灾。1852 年太平军攻克安庆、江宁，盛康被派往帮办江南大营粮台。退入湖北后，巡抚胡林翼“以全省厘政委之”，1859 年 3 月，盛康被胡林翼委任为湖北粮道，然后以布政使衔掌湖北盐法武昌道，竭力为清军筹集军费。1867 年盛康丁忧，后改官浙江杭嘉湖兵备道按察使，“固防裕饷，辖境晏然”，政绩颇佳。

在衙门行事，盛康遵行父亲盛隆“不循情、不爱钱、一副冷面皮，但知执法；勿矜才、勿使气、满腔热心血，总期无刑”的教诲，受到同僚与下属的尊敬，这对青年盛宣怀产生很大的影响。

在急剧变化的时代里，盛康反对恪守教条、专注制艺，仿照著名思想家魏源《皇朝经世文编》，也从吏政、户政、兵政、工政等八方面收录文选 120 卷，编成《皇朝经世文续编》一书，希望用经世致用的实学来挽救内外交困的清政权。同治元年(1862 年)，盛康简授湖北盐法武昌道。时川、淮盐商互争引地，相持久不决。盛宣怀为父亲草拟《川、淮并行之议》，被盛康采纳，并上报朝廷，使盐商引地之争很快得以解决。

盛康十分热心慈善事业，1866年在常州时，他遵循父亲盛隆的心愿，设义庄、办义学，为乡里族中的穷苦民众办实事。1871年直隶畿辅大水成灾，盛康立即慷慨解囊，带头捐赠了两万件棉衣，帮助灾民过冬。1879年，盛康与刘云樵、姚彦森、恽光业、庄俊甫、董云阶等人共同出资白银2.5万两，在常州创办慈善医疗机构"长年医局"，向民众施诊送药。

盛康告老还乡后，在苏州购得刘氏寒碧庄，经修葺后改名留园，嗣又于光绪十四年至十七年(1888—1891)，增辟东西二部，把冠云峰围入园内，又建戏台、鸳鸯厅、待云庵等建筑。他在对旧园的主景、建筑、园艺等进行精心修葺的时候，很注重在园内构造出一种参禅的环境与氛围。盛康功成名就后归隐留园，是希望在这方净土中参悟人生，寻求超脱。为了方便日常生活起居，盛康在留园东部修建了众多的建筑，形成了以主厅为中心的，适合多种需求的房舍格局；留园北部保留了菜畦瓜棚，当年家人在这里种蔬菜，养鸡鸭，营造了一种回归田园的隐逸色彩。盛康在扩建留园时，设立"龙溪盛氏义庄"(又称"留园义庄")，购族田数千亩，以接济宗亲，这也成了留园的一大特色。盛康花了三年时间修葺破园，使留园的泉石、草木、亭榭、轩厅比昔时更增雄丽，使留园成为吴下名园之冠。

对于盛宣怀的教育培养与成才之路，盛康坚持实事求是、因材施教的理念，注重经世致用之学。他不强求子女必须走自己走过的路，也不强求子女走大多数人认为"成功"的路。在当时的制度下，"科举"被认为是唯一通向成功的成才之路。盛宣怀的祖父盛隆走的是这条路，中了举，当了官；盛康走得更靠前一些，不仅中了举，还中了进士，然后再当官。

盛康对盛宣怀青少年时代能在恶劣的环境中，经风浪、见世面，认为很有必要，十分赞赏。

对盛康来说，一开始显然认为盛宣怀也应该走科举这条路的。事实上，盛宣怀最早也是被要求去参加乡童子试的，但是之后几次乡试未中，只好从此意绝科举。在这个过程中，盛康既没有坚持盛宣怀一定要在这条路上走下去，更没有责备盛宣怀，他发现盛宣怀的兴趣可能是在类似经济、管理这样一类的学问及运用上，所以他一方面鼓励盛宣怀自学经世致用之学，另一方面尽量让他接触社会实际，如让他在湖北参与处理实际事务、在苏州参与置业、房屋装修、经办典当等，锻炼实际才干；之后，他又通过朋友帮助、举荐，让盛宣怀进入李鸿章幕府，找到了可以发挥、施展他这方面才干的场所。

盛康对于盛宣怀办实业、办教育十分支持，当盛宣怀在朝廷上下受到各种困难与挫折时，他是盛宣怀精神与物质上的有力支持者。盛宣怀第一次参与赈灾，回到家乡募集钱粮，他带头捐衣捐钱，并通过自己的老同年、老同事帮助盛宣怀募集赈款、赈粮；盛宣怀最初参与轮船招商局招股时，他让盛宣怀从自家创办的典当、钱庄中提款去入股；盛宣怀在湖北办矿不顺利时，李鸿章责成其“……收支尚不敷钱六千四百二串二百六十七文，统由盛尽数垫赔，历经造具清册详报在案”，盛康支持盛宣怀从自家的钱庄中提款去赔偿。为弥补巨亏，盛康在 1879 年以近 70 岁高龄重新出山，赴北京候补，以获取薪资，减轻盛宣怀的压力。当协助盛宣怀办电报的苏州人谢家福在苏州故居五亩园成立苏州电报传习所，为电报界培养报务人才时，他给以谢极大的帮助，间接支持了盛宣怀的电报事业。盛宣怀几次受到朝廷某些官员的参劾，他总是在思想上予以疏导，精神上给以支持。甲午战争失败后盛宣怀先后创办北洋大学堂与南洋公学，为国家培养人才，盛康对此举十分赞许。

1902 年 10 月 24 日，盛康在苏州留园去世。南洋公学第五任总理汪凤藻、总提调伍光建、总教习福开森三人，带着四名学生代表向盛康送上一副题写“思本溯源，造福万代”的挽联，参加盛康的吊唁活动。

盛康对于家产的继承、子孙的培养教育，也有自己的思考，他认为家族挣得的财富，如何传承下去，应尽早做出安排。他告诉盛宣怀：应守住不动产，以让子孙吃点利息，还能长久生存，否则怕是会养出一群纨绔子弟来。盛宣怀一生忙于实业，不能像祖父、父亲那样耗费一些精力来教育子孙，晚年他拿出一半遗产，建立了“愚斋义庄”，相当于一个公益信托。不巧的是，盛康预言成真，后代纨绔子弟把不动产都拿出来分掉卖掉了。事实上，子孙的培养教育仅仅靠安排好家产的继承也未必有效，它涉及家庭、教育、社会、环境等诸多因素，但是关键是子孙自身的追求与努力。

二、影响盛宣怀事业一生的胡林翼

胡林翼(1812—1861)，字贶生，号润芝，汉族，湖南益阳县泉交河人，晚清中兴名臣之一，湘军重要首领。

道光十六年(1836 年)进士。授编修，先后充会试同考官、江南乡试副考官。历任安顺、镇远、黎平知府及贵东道，咸丰四年(1854 年)迁四川按察使，次年调湖北按察使，升湖北布政使、署巡抚。抚鄂期间，注意整饬吏治，引荐人才，协调各方关系，曾多次推荐左宗棠、李鸿章、阎敬铭等，为时人所称道，与曾国藩、李鸿章、左宗棠并称为“中兴四大名臣”。后在武昌咯血死，谥号文忠。有《胡文忠公遗集》等留世。

胡林翼出身官宦之家，其父胡达源曾以一甲第三名进士及第，直接入翰林院，授编修。后官至詹事府少詹事，为四品京堂。正因如此，胡林翼从小备受家人重视，得到了较好的教育，并有不少奇遇。六岁时，他爷爷教他认字，读《论语》。八岁时，爷爷在益阳修志馆编修志书，他随侍在侧。刚好将赴任川东兵备道的陶澍顺路回老家益阳探亲，一见到胡林翼，就惊为伟器，说：“我已得一快婿”，遂订下娃娃亲，将自己五岁的女儿许配给他。19 岁时，胡林翼与陶澍之女琇姿(字静娟)在桃花江陶氏别墅完婚。婚后，他师事同里蔡用锡前辈。蔡教书“务为有用之学，不专重文艺，而于兵略、吏治尤所究心”。胡林翼“师事两年，涵濡渐渍，服膺终身”。21 岁时，胡林翼偕夫人送岳母贺夫人去南京陶澍两江总督任所。陶澍是促成嘉道年间经世之学重新活跃的代表人物，办事干达，政声极佳。留居节署一年，胡林翼亲见陶澍兴利除弊措施，深受熏染，“精神殊为一变”。在给父亲的信中，他写道：“岳丈公退之余，辄与男长谈。岳丈胸中本极渊博，加以数十年来宦途阅历，上下古今，融会贯通，每及一事，旁证曲引，判断洞中窃要，于男进益，非浅鲜焉。”

江南一行，胡林翼收获很大，从此，他“于书无所不读，然不为章句之学，笃嗜《史记》、《汉书》、《左氏传》、司马《通鉴》暨中外舆图地志，山川厄塞、兵政机要，探讨尤力”。除了耳濡目染经世之术外，在此期间，胡林翼还得到了躬行实践的机会。

1831 年(道光十一年)5 月，沅湘大水，益阳受灾严重，饥民流离失所。时在家受学的胡林翼担心饥民无食一变而为乱民，慨然曰“秀才便当以天下为己任”，挺身而出，面见县令，“请按灾区编户口，劝富民出钱粟以赈”。

1854 年(咸丰四年)擢贵东道员，奉调带兵勇赴湖北、湖南抗击太平军。曾国藩以其“才大心细”加以奏保，并令其自领一军，随同作战。

1855 年 1 月 29 日，湘军水师 120 条轻便战船冒险冲入鄱阳湖，被太平军阻截于湖内，从而使长江内的大型战船，失去轻便战船的护卫与配合，战斗力顿减，湘军八里江水师老营当天即遭太平军水师的火攻，船只被焚 40 余只，余船纷纷逃回九江。2 月 11 日，九江官牌夹水营又遭太平军夜袭，曾国藩的坐船被焚夺，文案全失，险些丧命，余船也纷纷上驶溃逃。太平军乘胜转入全线反攻，2 月 23 日占汉阳、武昌。曾国藩转守南昌。胡林翼也被迫撤离九江外围，回援武昌。他带兵勇 1800 人于 3 月 6 日驻营沌口。4 月 3 日，武昌失守，巡抚陶恩培被杀，清廷以胡林翼署湖北巡抚，与道员李孟群所部水师共守金口，由此开始了长达年余的围困武昌之战。

胡林翼受命署理湖北巡抚后，面临的是一个“民物凋敝，官场尽如乞丐”的湖北。如何安抚流民、整顿吏治、振兴经济，成为摆在胡林翼面前最重要的政治任务。吏治方面，他多方求取人才，认为“一正士可抵十万金”，使得“湖北面目一新，人才之盛，冠于全国”；经济方面，他从整顿盐政和漕运着手，减轻百姓负担，将“糜烂众弃之鄂”变为“富强可宗之鄂”，被百姓称为“胡青天”。

胡林翼主政湖北后，带领盛康等一批官员，积极整顿吏治，增加厘金税收，革除田赋积弊，剿灭盗贼，湖北一时大治。

1859 年，胡林翼又会同曾国藩、多隆阿、鲍超等部击败太平军石达开、捻军张洛行、龚瞎子联军。攻克太湖城，收复潜山。后曾国藩授两江总督，于 1861 年 8 月攻克安庆，曾国藩推胡林翼为首功，加太子太保衔，给骑都尉世职。

1861 年 8 月 30 日，胡林翼病死于武昌。赠总督，谥文忠。

胡林翼是青年盛宣怀心中的偶像。盛宣怀抵达湖北后，目睹父亲在胡林翼的带领下，终日忙于公务，社会风气日新月异的景象，不禁对胡林翼的吏治、财政、军事思想与措施十分钦佩，主动要求父亲提供这方面的著述让自己学习；他在行动上也处处以胡林翼和父亲为榜样，淮军在前方追剿起义军，急需粮食与各种物资供应时，盛宣怀积极参与官府组织的物资筹集与运输活动。

湖北的“军务吏治，严明整饬，冠于各行省”，这给善于“事事研求”的青年盛宣怀许多方面的启示，为他日后在湖北、在全国各地开创实业与教育奠定了基础。胡林翼的治政理念、他的“经世致用”之学以及他对人才的重视与培养，对盛宣怀一生起着激励示范作用。

盛宣怀进入李鸿章幕府后，在创办实业与处理各项事务过程中，仍经常按照胡林翼的著述与思想行事，他期望像胡林翼那样，干一番对国家、对百姓有益的事。盛宣怀在办实业中对人才非常重视，甲午战争失败后，他急于创办北洋大学堂与南洋公学，这些均得益于胡林翼著述的影响，成为其行动的指南。

三、创办实业的领路人与支持者李鸿章

李鸿章(1823—1901)，晚清名臣，洋务运动的主要领导人之一，安徽合肥人，世人多尊称李中堂，亦称李合肥，本名章铜，字渐甫或子黻，号少荃(泉)，晚年自号仪叟，别号省心，谥文忠。

作为淮军及北洋水师的创始人和统帅、洋务运动的倡导者、晚清重臣，李鸿章官至直隶总督兼北洋通商大臣，授文华殿大学士。

李鸿章是盛宣怀创办实业的领路人与最坚强的支持者，自1870年至1901年，前后30多年中，盛宣怀一直是李鸿章"实业强国"主张最有力的响应者与实践者。

1870年，盛宣怀经父亲盛康的老朋友杨宗濂推荐，进入李鸿章幕府。盛宣怀初到李鸿章麾下的时候，正是李鸿章率军北上围剿捻军的紧张阶段，李鸿章让他担任"行营文案兼充营务处会办"的职位(相当于机要秘书)，由于他办事一贯事必躬亲、实事求是、讲究实效，精明强干的作风，很快就得到李鸿章的赏识。

李鸿章为了壮大淮军的实力，急需筹集资金。盛宣怀向李鸿章建议用建造商船所得的资金，作为军队建造兵舰的费用，他的意见被李采纳。1872年，沿海和长江航运被英、美两国航运公司垄断，为了争夺中国在航运领域的权益，盛宣怀建议李鸿章创办中国轮船招商局。1872年4月，李命盛宣怀筹划轮船招商局，为此，盛宣怀草拟了轮船章程，这是轮船招商局的第一个章程，也是盛宣怀办理轮船航运业的开始。盛宣怀认为中国的强盛，最迫切的是要发展资本主义工商业，他的见解与李鸿章"实业强国"的思想不谋而合。

1873年7月，轮船招商局由官办改为商办。9月9日，李鸿章签署了一份文件——《札饬盛宣怀入局》。这是一份委任状，任命29岁的盛宣怀出任轮船招商局的"会办"(相当于副总经理)，兼管运漕、揽载。这是继李鸿章之前任命唐廷枢出任"总办"(总经理)、朱其昂留任"会

办”之后，第三个到位的高管。一个月后，李鸿章又任命徐润担任“会办”。至此，改制后的轮船招商局形成了由唐廷枢、徐润、朱其昂、盛宣怀四人组成的领导班子。其中，唐为外资洋行背景；朱为漕粮北运代表；盛为李鸿章代表；徐为具有买办背景的国内工商业主代表。1877年轮船招商局收购了英商旗昌轮船公司，后来又针对“价格战”，与英资轮船公司怡和和太古达成“齐价合同”。但轮船招商局与外国势力的竞争与争夺，始终没有停止过。1885 年 8 月 1 日，李鸿章委任盛宣怀为轮船招商局督办，成为轮船招商局的第一任督办。从此，轮船招商局几乎一直处在盛宣怀的掌控之下。

1871 年(同治十年)夏秋间，河北发生水灾，直隶总督李鸿章得知灾情后，派出官员前往灾区，并派盛宣怀一同参加赈灾，这是盛宣怀第一次参加赈灾活动。盛宣怀与其他官员一起奔赴灾情最严重的地区，面对河北几十年未有的大水灾，他亲眼见到了灾民的苦难，农田汪洋一片，颗粒无收，灾民流离失所，损失惨重。盛宣怀竭尽全力参与救灾。盛宣怀的父亲盛康因为这一次的赈济活动，被李鸿章奏请赏加布政使衔。盛宣怀本人因为赈灾有功，被皇上嘉奖二品顶戴。这是他第一次参与赈灾行动、从事社会慈善事业。

1878 年秋，李鸿章将当时正在湖北主持煤铁勘矿开采工作的盛宣怀抽调到直隶，与吴大澂、李金镛等一起主持河间府献县、景州地区的赈灾工作，这是盛宣怀第一次主持一个地区的赈灾工作。

之后盛宣怀由于长期主持全国各地的赈灾救荒工作，他的目光更远了，考虑的是如何有效地救济失去自救能力的灾民，他们自谋生存的能力很低，需要政府救助，于是 1879 年他策划和筹建了一种慈善机构，取名为“广仁堂”，这得到了李鸿章的有力支持。1910 年盛宣怀被任命为第一任红十字会会长，这是对他在中国近代慈善事业中做出贡献的肯定。

1874 年盛宣怀接到李鸿章密谕：“中国地面多有产煤产铁之区，饬即密禀查复。”李鸿章并说：“中土仿用洋法开采煤铁，实为当务之急。”

李鸿章的这些说法激起盛宣怀到湖北去开发矿业的热情。其实，中国矿业分布的地域十分广阔，但是，由于青年时期的盛宣怀曾经随父亲盛康在湖北生活过几年，他对湖北广济的矿产有所了解。李鸿章的指示与支持，使他“怦怦于中将十年”开发广济煤矿的梦想，又变成了现实，于是湖北广济成了盛宣怀开发矿业的首选。

湖北采煤由于资金不足，聘请的洋矿师水平有限，加上内部管理不善等诸多原因，湖北勘矿一直不顺利。1881 年 8 月上旬，湖北督办李瀚章派人告发后，建议裁撤停办。李鸿章根据实际情况，决定停办，盛宣怀在湖北的矿务告一段落。盛宣怀为此总计赔垫了资金一万六千余串，但是，这为他后来接办张之洞创办的汉阳铁厂与他创办中国第一个勘矿公司奠定了基础。

1880 年秋，为了争回清政府电报的自主权，李鸿章批准筹备架设天津至上海的电报线，同时，在天津成立官办的天津电报总局，委派盛宣怀为总办，郑观应任上海分局总办。盛宣怀随即拟订了《开办自津至沪设立陆路电线大略章程二十条》，并委托丹麦大北电报公司向国外订购电信器材，为兴建津沪电报线路作准备。在盛宣怀的主持下，1881 年 4 月，中国的第一条长途公众电报线路，从上海、天津两端同时开工，至 12 月 24 日，全长 3075 华里的津沪电报线路全线竣工。1881 年 12 月 28 日正式开始营业，收发公私电报，全线在紫竹林、济宁、镇江、苏州、上海等七处设立了电报分局。这是中国自主建设的第一条长途公众电报线路。

盛宣怀出任轮船招商局督办之后，设立内河小火轮公司的议题，自然就提到他的议事日程上来了。1886 年 4 月（光绪十二年三月），盛宣怀与轮船招商局会办马建忠在给李鸿章与湖广总督张之洞的条陈《内地设轮船公司议》中说：“近年内外国富强，无不自通商始。口岸通商人与我共之，内地通商我自主之。故欲求中国富强，莫如一变而至火轮，设一内地快船公司，与招商局相为表里，以兴中国内地自有之商务，而收中国内地自有之利权。”充分表达了盛宣怀绝不受制于外国势力，独立自主地掌控内河通商的权限，促进国内商业的流通，实现国家富强的思想与抱负。

1886 年 7 月，盛宣怀任山东登莱青兵备道兼烟台东海关监督，这是他第一次担任道台之职。此时，盛宣怀既是对发展内河航运的有"识"者，又是一个有"位"者，有可能在他的辖区内首先"肩任"此事了。但是，他很清楚，自己虽然有"识"，也有一个"位"了，可是这个"位"还不够高，必须得到李鸿章的支持。1886 年他在《上李鸿章禀》中说道："查泰西各国律法，不通商各埠只许本国轮船行驶，日本亦然。惟我中国因噎废食，则江海之利有与外人公共而无独得者，甚可惜也。"他明确表示，没有李中堂的支持，靠他只身一人是难以办成的。

上海机器织布局是在 1878 年，由前四川候补道彭汝琮倡议兴办，经李鸿章、沈葆桢奏准设立的，厂址设在上海杨树浦。彭汝琮因筹集资金困难，1880 年进行了改组，最后由杨宗濂、杨宗瀚兄弟主持局务。1890 年投产后，在杨氏兄弟经营下，经过三年，已有纺锭 35000 枚，布机 530 台，雇工约 4000 人，营业方始兴盛，每月可获利白银 12000 两。然而，机器织布局正欲大发展之时，1893 年 10 月 19 日，一场大火将偌大的厂房、机器设备烧成了一堆废铁，使数千工人流落街头，哭声震天。李鸿章倾 14 年心血一手创办的这家中国最早的棉纺厂，付之一炬。机器织布局中大部分机器设备被烧毁，损失白银约 70 万两。李鸿章毫不犹豫地将杨宗濂、杨宗瀚就地免职，并决定委派盛宣怀负责重建织布局。

面对变成一片废墟的织布局，盛宣怀毅然把重建织布局的重任担当了下来。他在结束织布局前账的同时，积极筹备新厂。不到两个月，百万两资本已经就绪。为了照顾商股的情绪，他将原来官办性质"织布局"的名称，改为商办性质的名称——华盛纺织总厂。另在上海、镇江、宁波等地设十个分厂，计划购买纱机 32 万锭、布机四千张。不到一年，于 1894 年 9 月 16 日就投产了，工人重新回到了纺纱机、织布机面前，脸上又出现了笑容；商人的损失逐步得到了补偿；李鸿章要把纺织业做大的愿望也实现了。

1892年12月3日(光绪十八年十月十五日)，张之洞因铁厂“亟须筹定常年成本，计每年需银一百万两”，写信向李鸿章求援，特地派了盛宣怀的侄子盛春颐，去找盛宣怀与李鸿章，点名要盛宣怀赴湖北招商承办，盛宣怀也有意邀集华商和洋工程师“赴汉冶各厂、各矿复阅一过，以便将出货成本详细核算”，后因李鸿章未允诺，盛宣怀才“须炼成钢铁后始能承领”，致使谈判搁浅。

修建铁路，自洋务运动开始就是洋务派的梦想。早在1863年7月20日，上海27家外国商行联合呈请时任江苏巡抚的李鸿章，要求特许建筑上海至苏州的铁路，遭到朝廷拒绝。之后，朝廷对修建铁路有了新的认识。中日甲午战争结束后，光绪皇帝提出救亡图存的六项“力行实政”，修铁路被列为首项。然而，中国究竟先造哪一条铁路最为合适？众说不一。李鸿章为了扩展和巩固北洋的地盘，力主修建天津至通州的路段，他十分注重有利于战事的沿海的东段；张之洞则主张在中部地区筑路，中部是国家的腹地，可进可退，一旦南北向的铁路建成，与东西向的长江成十字交叉，中国的交通脉络，就发生质的变化了；盛宣怀认为“中国幅员广袤，边疆辽远，必有纵横四境诸大干路，方足以利行政而握中枢”，赞成张之洞的主张。

1896年10月20日，盛奉命：直隶津海关道开缺，以四品京堂候补督办铁路总公司事务，并被授予“专折奏事特权”。经过近十年的努力，1905年4月1日，连接北京与汉口的全长1214.49公里的铁路干线卢汉铁路，全线正式通车。

鸦片战争失败后，上海等五个沿海城市被辟为商埠。1847年，英国丽如银行率先抢滩上海。在随后的60多年中，以英国资本为主导的20家外国银行陆续在上海登陆。中国金融的命脉逐步被外国银行所主宰。

甲午战争失败后，盛宣怀为了避免外国人进一步控制中国实业界，反复催促清政府早日批准开办中国自己的银行。他愤慨地对李鸿章说：

“银行尤为诸务枢纽。开关互市，岂有聚吾国商民之财付诸英、德、法各银行之手，而自己毫不为之料理，尚自诩足国足民，有是理乎！”他暗中说服了十个富商大股，募得华商股资300万两，为办理中国通商银行打下了基础。

1896年11月12日，光绪皇帝下诏同意盛宣怀着手筹办银行，盛宣怀随即就行动起来了。1897年5月27日，盛宣怀将所办的银行定名为“中国通商银行”，在上海外滩6号正式成立。这是中国人自办的第一家银行，也是上海最早开设的华资银行。

其实，1886年盛宣怀任山东登莱青兵备道时，曾奉命在烟台试铸银钱，并曾将试铸的银钱送李鸿章验看。李鸿章的回答是：“银洋钱花纹甚佳。此事造端宏大，非农部同心主持，不能开办。得人尤难，钢模应缓制。”李鸿章的意见是铸币牵涉到国家币制，不是一位中级官吏的道员所能承担的，盛宣怀当时只能作罢。

晚清时期数理化等学科开始传入中国。浙江海宁人李善兰对近代数理化知识的传入做出过较大的贡献，李鸿章对西方科技知识在国内的传播给予了支持，他曾资助李善兰重刻《重学》20卷及《圆锥曲线说》3卷的出版，盛宣怀从中受到了教育与启发。

受李鸿章的影响，盛宣怀在创办实业过程中，十分重视人才的培养与使用。1877年7月，他在给湖北巡抚李鹤章的信中，阐明自己急迫地希望培养中国人才的原因时说：“办事以得人为主，而人才半在赋界，半在陶熔。方今欧洲气象，如大列国断无独居独处之日，亦断无百年不败之和局。足食、足兵、民信三事，非人不办，且非有后起之人，亦必旋得旋失。试问吾家将才如彼否？使才如彼否？理财之才如彼否？窃犹虑后起之益无人也。中堂功德巍巍……而区区愚鲁之忱，还望我中堂为天下得人才。弗轻后进而不诱掖，弗狃目前而不远求，弗存姑息而举非其人，弗避嫌疑而举之不先。树人如树树，惟恐迟暮，则得人之盛，未必多让湘乡！搜罗今日之梓楠，培养他年之桢干，为一代得治人，胜于为百代立治法”，并说，“久有此意，志在设一商船学堂，更欲设一矿务学堂”。①

1880年秋，盛宣怀在李鸿章的支持下，以朝廷的名义开办电报学堂，由朝廷提供办学经费。此提议得到了李鸿章的首肯。1889年12月，他上李鸿章禀帖：招商局费用之最巨者，莫如用洋人与洋煤两宗，“窃思借助于彼族，不如求材于内地”，主张自办轮船学堂，自己广开煤矿，以节省经费。这些都得到李鸿章的赞许与支持。

1895年盛宣怀创办了北洋大学堂，办学的场地博文书院，是1886年由时任天津海关道周馥禀请李鸿章在天津设立的；办学的经费是由李鸿章最早创办、由盛宣怀督办的轮船招商局及中国电报局提供的。

1898年9月，盛宣怀欲在南洋公学内筹办译书院，正在物色译书院主任人选时，李鸿章向他推荐了浙江海盐人张元济。李鸿章由于赏识张元济的人品和才华，遂将他推荐给盛宣怀，表明他对盛宣怀创办南洋公学的支持。

四、经办铁厂与铁路建设的有力支持者张之洞

张之洞(1837—1909)，字孝达，号香涛，又是总督，称“帅”，故时人皆呼之为“张香帅”。晚清名臣、清代洋务派代表人物，出生于贵州兴义府，祖籍直隶南皮。咸丰二年(1852年)中顺天府解元，同治二年(1863年)中进士第三名探花，授翰林院编修，历任教习、侍读、侍讲、内阁学士、山西巡抚、两广总督、湖广总督、两江总督(多次署理，从未实授)、军机大臣等职，官至体仁阁大学士。

张之洞早年是清流派首领，后成为洋务派的主要代表人物。教育方面，他创办了自强学堂(今武汉大学前身)、三江师范学堂(今南京大学前身)、湖北农务学堂、湖北武昌蒙养院、湖北工艺学堂、慈恩学堂

---

① 以上参见夏东元：《盛宣怀传》，四川人民出版社1988年版，第271~272页。

（南皮县第一中学）、广雅书院等。政治上主张“中学为体，西学为用”。工业上创办汉阳铁厂、大冶铁矿、湖北枪炮厂等。八国联军入侵时，大沽炮台失守，张之洞会同两江总督刘坤一与驻上海各国领事议订“东南互保”，并镇压维新派的唐才常、林圭、秦力山等起义将领，光绪三十四年（1908 年）11 月，以顾命重臣晋太子太保，次年病卒，谥文襄。有《张文襄公全集》。张之洞与曾国藩、李鸿章、左宗棠并称“晚清中兴四大名臣”。

张之洞是盛宣怀接办汉阳铁厂与经办卢汉铁路最有力的支持者。盛宣怀有很多见解与张之洞的思想是一致的。

1889 年张之洞调任湖广总督，12 月上旬，盛宣怀与张之洞会晤于上海，商谈关于创办汉阳铁厂一事，盛拟订创办铁厂章程，主张招集商股商办，但与张之洞的官办主张相左。

1894 年 2 月 17 日，张之洞委派盛宣怀筹办湖北纺织局，说将来此厂办成，即委派其兼充总理局务，以资整饬。盛未就。

张之洞创办的汉阳铁厂因为计划不周，所炼钢料不符合铁路钢轨的要求，钢铁生产陷入了困境。坚持“官本官办”模式来办汉阳铁厂的张之洞，被搞得“心力交困”，再也无力将汉阳铁厂继续办下去了，于是下决心要交“棒”了。朝廷意由南洋华商来承办，张之洞则认为铁厂投资多，工程大，南洋华商无力承担，他首先想到的仍然是盛宣怀。当盛宣怀收到张之洞委托恽莘耘发来的“决意不招洋商矣，今已决计与吾兄商办”的电报后，立即表态说：“如帅（指张之洞）意坚定，必当竭力为国家筹计远大，决不存丝毫私见。”

1896 年 5 月 14 日，张之洞发出委任盛宣怀为汉阳铁厂“督办”的公文，公文中说：“盛道才猷宏达，综合精详，于中国商务工程制造各事宜，均极熟习，经理商局多年，著有成效。”自然，由盛宣怀来接办汉阳铁厂，是最合适的了。

盛宣怀在接到张之洞的公文后十天，即 1896 年 5 月 24 日，就正式接办了汉阳铁厂。

中国铁路建设最初的两次大争议，以张之洞倡议修筑卢汉铁路获准而告终，中国铁路建设由此而拉开了序幕。1896 年 9 月 2 日，张之洞向清廷推荐：由盛宣怀督办铁路最为适当，因盛兼商业、官法、洋务三者之长。10 月 20 日，盛宣怀奉命“以四品京堂候补督办铁路总公司事务”，并被授予“专折奏事特权”。1897 年 1 月，铁路总公司于上海正式成立，盛宣怀担任总公司督办。

张之洞将修筑卢汉铁路提高到各条路的“纲领”地位，是十分有远见的。他在给朝廷的奏折中说：“中国应开铁路之利甚多，当以卢汉一路为先务，此路南北东西皆处适中，便于通行分布，实为诸路纲领。”他又认为“此路四通八达，必宜先办，其余支路由此而推，如此方有纲领有次第”。卢汉铁路的修筑，可为其他路段或其支路的修筑打下基础。张之洞的见解，实际上也是盛宣怀的观点。

修筑铁路最大的问题是资金的筹集问题，甲午战争失败，国库空虚，朝廷拿不出钱，在万般无奈的情况下，只能用洋人的钱。至于用洋人的钱，实际上也有两种方式，即“借洋债”与“招洋股”。

当时，清政府的倾向是以“洋商入股为主脑”，李鸿章也认为“洋债不及洋股容易”，均认为以招洋股为宜。盛宣怀则从“权”字上考虑，他说：“所议借洋债与招洋股，大不相同。若卢汉招洋股，鄂、豫、东、直腹地，原不至遽为所割，但此端一开，俄请筑路东三省，英请筑路滇、川、西藏，法请筑路两粤，毗连疆域，初则借路攘利，终必因路割地，后患无穷。是何异揠苗助长！若借款自造，债是洋债，路是华路，不要海关抵押，并不必作为国债，只须奏明卢汉铁路招商局准其借用洋款，以路作保，悉由商局承办。分年招股还本，路利还息，便妥。”

张之洞赞成盛宣怀的意见，他说：“惟有暂借洋债造路，陆续招股分还洋债之一策，集事较易，流弊较少。盖洋债与洋股迥不相同，路归洋股，则路权倒持于彼，款归洋债，则路权仍属于我。”经过再三考虑，盛宣怀决定“无论议借何国路债，必须先用华款，后用洋债”。因为先用华款自造，造成一段，用路作抵押，可以免去苛条，“庶可权自我操，不致贻后来无穷之患”。

张之洞办洋务，十分重视人才与教育，这对盛宣怀产生了很大的影响。张之洞在创办汉阳铁厂时借才洋人、自办学堂、派青年人出国学习，及之后创办自强学堂、三江师范学堂，都得到盛宣怀的认同与赞赏。盛宣怀在接办汉阳铁厂、督办中国铁路总公司的过程中，继承与发扬了张之洞重视人才与教育的传统。盛宣怀创办北洋大学堂、南洋公学，为中国高等教育发展开了先河；汉冶萍公司在培养与重用中国自己的人才方面，为中国早期大型企业的管理树立了一面旗帜。

五、赞赏与支持盛宣怀办实业的王文韶

王文韶(1830—1908)，清末大臣。字夔石，号耕娱、庚虞，又号退圃，祖籍浙江上虞梁湖，浙江仁和(今杭州)人。咸丰二年(1852年)进士。铨户部主事，同治间任湖南巡抚，光绪间任兵部侍郎，后任云贵总督，擢直隶总督兼北洋大臣，奏设山海关铁路学堂等，旋以户部尚书协办大学士，官至政务大臣、武英殿大学士。

甲午中日战争爆发后，清廷以天津为京畿门户，1894年(光绪二十年)10月3日，召王文韶入觐。翌年(1895年)初，命充帮办北洋事务大臣。1895年(光绪二十一年)2月13日，李鸿章被召入京，作为赴日谈判头等全权大臣，诏王文韶署理直隶总督、北洋大臣。

盛宣怀与王文韶是工作关系，盛宣怀希望在办铁厂、铁路、银行中得到王的支持，并随时向他报告情况。盛宣怀创办北洋大学堂、南洋公学的思想与举动，同样得到王文韶的赞赏与支持。

1895年11月间，卢汉铁路议归商办时，有广东籍道员许应锵、广东商人方培垚、候补知府刘鹗、监生吕庆麟等四人，“均称集有股份千万，先后具呈各愿承办，请派大员督理”。盛宣怀听到这个消息持否定态度，他说：“岂有一无名望之人能招千万巨股？闻俱是洋人所为。”既

是洋人在背后操纵所为，那路权不就全为洋人所有了吗？“不特入股而已！”事后证实盛宣怀的看法是正确的，“许、方、吕三人皆有洋东在其身后……刘则敢为欺谩但思包揽而已”，从而得到了王文韶的“盛道实济时之彦”的赞誉。

甲午战争失败后，盛宣怀因电报之事，又一次受到了官场的参劾。参劾的罪名为：“招权纳贿，任意妄为”，“总办电报，害则归公，利则归己，克扣军饷，搜罗股票”等。为此，清廷命王文韶确查禀复，并让王推荐合适人选，取代盛宣怀的电报总局督办之职。

王文韶经过认真查询，向清廷表明电报总局的督办之职非盛宣怀莫属，并向清廷奏明盛宣怀办理电报总局之功：“臣查中国电报之设，始于光绪六年(1880 年)，一切章程皆盛手定。现在除湖南一省外，西则新疆，北则三省，业已处处通行。其事务之纷繁，用人之繁夥，非有精心贯注其间，未易秩然就理。……臣维泰西各国由商而富，由富而强，中国仿而行之，二十年来惟电报、招商两局成效已著，而一手经营，虽屡经波折，而卒底于成者，盛也。……臣亦岂敢谓盛之外，竟无一人堪以胜任者，惟或则历练未深，或则声望未著，急切求之，实难其选。盖盛具兼人之才，而于商务洋务，则苦心研究，历试诸艰者已逾二十年，设以二十年前之盛处此，臣也未敢保其必能接手也。”①

1896 年 4 月 27 日，盛宣怀致电王文韶：沿江查察各招商分局，今日到汉。鄂厂已耗五百万，但可设法补救。“宣系创始得矿之人，颇愿为之区画。”同日，他向王文韶陈述办铁路的方针：“权自我操，利不外溢，循序而进，克期成功。”7 月 27 日，他禀王文韶、张之洞：铁路之利远而薄，银行之利近而厚。华商必欲银行铁路并举，方有把握，如银行权属洋人则路股必无成。闻赫德觊觎银行，此事稍纵即逝。也即“银行铁路应一气呵成”，将铁路、银行统于一手。9 月，盛宣怀奉旨入京，向皇上汇报办铁路之事。11 月 12 日，盛宣怀电告王文韶、张之洞：今

① 见盛档，王文韶《查复盛宣怀参案折》，光绪二十一年。

因铁厂不能不办铁路，又因铁路不能不办银行。这就要铁厂、铁路、银行三者一手抓。11 月 16 日，盛宣怀驰抵天津，与直隶总督王文韶议设铁路总公司于上海，天津、汉口设分局。

盛宣怀在创办中国通商银行的过程中，受到中外敌对势力的挟持与反对，却得到王文韶的支持与帮助。1897 年 4 月，监察御史管廷献上书弹劾盛宣怀，说他独揽银行、轮船、电报大权于一身，全为图谋私利，对通商银行的半官方地位和股份制组织形式也大力反对。4 月 30 日，朝廷让张之洞和王文韶议处此事，表明光绪皇帝对通商银行是否交由商人经理的信心开始动摇。盛宣怀闻之极为恼怒，遂以退为进，接连两次向北洋大臣王文韶提出辞职，信中大呼："似此糊涂世界，何以尚想做事?"准备"挈全眷而返，举亲耕读，从此再不与人言家国事!"王文韶自然竭力挽留，一方面在朝廷面前尽力为盛宣怀开脱，一方面又力促银行开设所需的官方股款尽快到位，使得中国通商银行度过了初创期的困难。

1895 年秋，盛宣怀通过直隶总督王文韶，禀奏清光绪皇帝设立新式学堂。盛宣怀在上奏时，还将亲自草拟好的《拟设天津中西学堂章程禀》一起呈上，此为盛宣怀办理正规学堂之始。

1895 年 10 月 2 日，光绪皇帝御笔钦准，成立天津北洋西学学堂，盛宣怀任首任督办，校址为天津北运河畔大营门博文书院旧址。它是中国第一所新式大学。1896 年北洋西学学堂正式更名为北洋大学堂，是中国第一所命名为"大学堂"的高等学校。

创办北洋大学堂，成了盛宣怀在甲午战争失败后，所办的第一件大事，也是他在天津海关道任上，所办的在中国历史上影响最深远的一件大事。此事得到了王文韶的大力支持与鼎力相助。

1897 年 6 月 16 日，盛宣怀向王文韶报告："北洋铁路学堂合并于北洋大学堂，增加了铁路一科，派'王道修植兼管'。"11 月 23 日，他又函告王文韶：反对容闳办津镇路，说若清江别开一路，则东南客货均为所夺，卢汉将来断不能集华股还洋债，卢汉一路必致停废无成。盛宣怀的见解与态度，都得到王文韶的认可。

六、理念与行动上一致的共事者郑观应

郑观应(1842—1922)，本名官应，字正翔，号陶斋，别号杞忧生，晚年自号罗浮偫鹤山人。祖籍广东香山县(今中山市)三乡镇雍陌村。他是中国近代最早具有完整维新思想体系的理论家，启蒙思想家，也是实业家、教育家、文学家、慈善家和热忱的爱国者。

咸丰八年(1858 年)，他到上海学商，先后在英商宝顺洋行、太古轮船公司任买办。历任上海电报局总办，轮船招商局帮办、总办。中法战争时，曾往暹罗、西贡、新加坡等地调查了解敌情，逐一绘图贴说。光绪十一年(1885 年)初，途经香港，被太古轮船公司借故控追“赔款”而遭拘禁，经年始得解脱。后隐居澳门近六年，撰成《盛世危言》一书。光绪十八年(1892 年)后，与盛宣怀关系密切。光绪二十八年(1902 年)冬，郑观应辞去轮船招商局会办。宣统元年(1909 年)，趁袁世凯被迫返籍“养疴”之机，协助盛宣怀发起组织轮船招商局予以商办，遂第三次入轮船招商局任会办。

郑观应是盛宣怀创办实业、办教育的有力支持者与合作共事者。1880 年秋，为了争回清政府电报的自主权，李鸿章批准筹备架设天津至上海的电报线，同时，在天津成立官办的天津电报总局，委派盛宣怀为总办，郑观应任上海分局总办。盛宣怀开始与郑观应合作共事。为了便于中国人从事发报，郑观应在法国驻华人员威基杰编成的第一部汉字电码本——《电报新书》的基础上，将其改编成为《中国电报新编》，这是中国最早的汉字电码本。这为电报业务在国内全面展开创造了条件。

盛宣怀在郑观应的帮助下积极筹备，购买电报器材，并在李鸿章的势力范围内，从大沽、北塘海口炮台与天津之间架设了一条短途电报线进行试运营，这也是在中国大陆境内，由中国人正式设立的第一条电报线路。

在盛宣怀和郑观应的妥善安排下，这条线路铺设和运行的过程相当顺利。建设完毕后，李鸿章还动用他的影响力，邀请了光绪的亲生父亲醇亲王等宗室、大臣到现场观看。这些人哪里见过这么"尔发彼得，倏忽而至"的通信方式，纷纷赞叹不已。李鸿章于是乘势上书，要求开设电报局和电报学堂，并保举盛宣怀为电报局总办。在李鸿章的强力推动下，此折很快被奏准。

为了培养中国自己的电报人才，盛宣怀先后在天津、上海开办电报学堂，这得到郑观应的积极支持与配合。1883 年 7 月 5 日，上海电报学堂开始招生，学堂分设按报塾、测量塾，聘请丹麦人博怡生、葛雷生等任教，初次考试应试者就有 80 人。学堂对学生管理严格，为全国输送了一批电报人才。

1885 年盛宣怀担任轮船招商局督办之后，郑观应先后担任帮办、总办。盛宣怀发现轮船招商局的经营开支中，耗费最大的是聘用洋驾驶人员与技术人员的薪资，以及轮船用洋煤所支付的费用。1889 年 12 月，他上李鸿章禀帖：招商局费用之最巨者，莫如用洋人与洋煤两宗。"窃思借助于彼族，不如求材于内地"，主张自办轮船学堂，自己广开煤矿，以节约经费。盛宣怀的主张得到郑观应的认同与积极支持。

1894 年郑观应为达到轮船招商局各船驾驶渐用华人，免为外人挟制，又免补洋人工资的目的，他先将买来的"泰安"号轮船改为教练船，招学生若干名学习驾驶诸法。他根据盛宣怀的意见打算聘请教习成立驾驶学堂。

1894 年郑观应编成《盛世危言》一书，赠送给了盛宣怀，1895 年 4 月 8 日，盛宣怀致信郑观应，感谢郑所赠《盛世危言》四部，说"乞再寄赠二十部，拟分送都中大老以醒耳目"。此外，1894 年 6 月，郑观应曾给盛宣怀写信，向他推荐孙中山，并请转荐于李鸿章，还请盛宣怀在总理衙门为孙中山办理游学泰西护照。盛宣怀在信封上亲笔批示"孙医士事"四字。盛宣怀在读了郑观应的《盛世危言》之后，思想认识得以升华，坚定了他“自强首在储才，储才必先兴学”的主张。尽管郑观应忙于协助处置铁厂、勘矿、招商局的事宜，无法顾及盛宣怀的办学事宜，但是他对盛宣怀的办学是十分支持的。

1896 年 5 月 14 日，张之洞正式委任盛宣怀为汉阳铁厂“督办”，汉厂改归商办。盛宣怀立即决定聘任郑观应兼任总办。5 月 24 日，郑观应正式到任。郑观应自 1896 年 5 月上任，至 1897 年 7 月离职，时间只有一年多，针对厂内存在的主要问题，他积极做出了应变改革，使盛宣怀接办的铁厂取得了明显的成效。

面对列强瓜分中国的态势，1896 年 6 月 1 日，郑观应向盛宣怀提议：“今我国势将瓜裂，恐难挽回。拟设立一公司附于商局，急遣矿师四出将各处好矿凡属官山及廉价之民产尽行购定，并禀请地方官批示存案，免为外人所夺。”郑观应又说：在各省“凡铁路经过百里之内有矿产者，应归铁路公司招股开采”。他敦促盛宣怀抓紧购买，“迟恐好省分又为捷足者为先登，大权落于人手，铁路无以生色”。1902 年 10 月，盛宣怀向清政府奏请在上海设立勘矿总公司。

1909 年 1 月，袁世凯被撵回河南老家“养疴”。盛宣怀乘机着手夺回被袁夺去的轮船招商局权益。3 月 27 日，他去信给在澳门的郑观应，请郑观应在广州找“同股兼同志者”列名公呈招商局商办，以反对袁世凯亲信、新任邮传部尚书徐世昌将招商局收归国有的企图。4 月，轮船招商局转归邮传部管辖之后，面对再次失去控制力的危险，盛宣怀开始站在股东角度，带领股东抗议，选择将公司注册。来自南北两方面的 31 位股东联合致电邮传部，要求设立一个由股东选举产生的董事会。1909 年 8 月 15 日，轮船招商局在上海张园举行第一次股东大会，盛宣怀当选为董事会主席。

盛宣怀创办的南洋公学，陆续设立了师范院、外院(附属小学)、中院(中学)、上院(大学)和特班。它是我国最早兼有师范、小学、中学、大学的较为完整教育体制的学校，为中国近代基础教育、高等教育奠定了基础，这得到郑观应的大力支持，郑观应赞誉说：“此乃东半球未有之事，其非常不朽之功业也。”

七、在企业管理中做出重大贡献的李维格

李维格(1867—1929)，字一琴，祖籍江苏吴县，1867 年生于上海南市区，幼时家境贫寒。他的父亲是昆曲旦角演员，李维格年幼时随其父半工半读。后受洋务运动思潮影响，立志效法西学以救国，入英租界格致书院学习，在校学习期间，耳濡目染西方文化，更产生赴欧洲留学之志愿。在亲友的资助下他赴英国留学，因学费昂贵而未竟其业，即留居清朝驻英参赞李经方的行邸，学习法文，不久随驻英公使许景澄回国。因其精通英、法两国文字，对西方世界有实地了解，回国后受到清廷一些洋务派人士赏识。遂于 19 世纪 80 年代末、90 年代初进入仕途，担任候选郎中之职。之后他又随翰林院侍讲崔惠人出访美国，随李伯行侍郎、汪芝房太守出访日本。在此期间，他通过实地考察，进一步了解西方及东邻日本的发展，搜集各国工业科学发展的信息。那时国人学习西方，多注重政治制度及思想。李维格却与众不同，他注重格致之学(即物理学等自然科学)，称得上博学多才。

李维格是盛宣怀的莫逆之交，他在盛宣怀接办汉阳铁厂之后，勇担重任，在企业发展与企业管理中做出了重大贡献。

1898 年夏，李维格应聘于盛宣怀创建的南洋公学任教习。当时，学校设立了师范院、外院、中院和上院四所分院，李维格于师范院教授英文。尽管执教时间不长，但是李维格在此期间以专业水平卓越、教学水准一流、认真执教、诲人不倦的高尚品行令广大师生敬佩。盛宣怀对其人品、学识早有所知，不久就聘其为汉阳铁厂总翻译。南洋公学译书院设立后，他又兼任译书院译员。

盛宣怀在接过汉阳铁厂之后，遇到的一个大问题是产品质量不佳。他很想亲自赴国外考察，弄个明白，但是无法抽身，只能派人出去弄个究竟。那究竟派谁去方能承担此重任？思考再三，只有请他的莫逆之

交、汉阳铁厂的总翻译、苏州才子李维格出马。1902 年 10 月，盛宣怀正式派李维格偕同在厂工作的英国工程师彭脱、德国矿师赖伦赴欧洲实地考察。

李维格果真不负厚望，经过出国实地考察，他找到了汉阳铁厂生产出的钢材质量不佳的关键所在，即“矿石”含磷过高，导致钢轨易脆、易裂。他发现汉阳铁厂所采用的炼钢设备与炼钢方法，不适宜炼矿石含磷过高的钢轨。

1907 年，“汉冶萍煤铁厂矿公司”正式挂牌宣告成立，盛宣怀出任第一任总理，李维格出任协理。经过近一年的酝酿与准备，1908 年春，盛宣怀赴清政府农工商部注册，奏请朝廷批准，将汉阳铁厂（汉）、大冶铁矿（冶）、萍乡煤矿（萍）合并为一，成立“汉冶萍煤铁厂矿有限公司”。

1908 年 11 月 7 日，清政府正式批准“汉冶萍煤铁厂矿有限公司”成立，确定公司设在上海，由盛宣怀负总责。汉冶萍公司堪称“中国钢铁工业的摇篮”，也是当时亚洲最大的钢铁联合企业，可认为是中国的第一个钢铁托拉斯。

李维格之后十余年一直投身于汉冶萍公司，1908 年至 1911 年任汉冶萍公司协理兼汉阳铁厂总办；1912 年至 1913 年任汉冶萍公司经理兼汉阳铁厂坐办；1913 年至 1916 年任汉冶萍公司高级顾问；1916 年至 1917 年任大冶铁厂厂长；1917 年任汉冶萍公司高级顾问。

李维格办企业，十分重视人才的培养与企业产品的质量，他在盛宣怀的支持下，拟订了《汉阳钢铁厂学堂章程》，规划设立化学、炼铁、炼钢、机器四所学堂。汉冶萍通过化验室和各车间招收学徒的方式，培养了一批技术工人、化验员和绘图员，使他们成为企业的骨干。1911 年 7 月，在李维格的主持下，以英国通行章程为蓝本，拟定了《八十五磅钢轨及附属品制造验收通行章程》，这是中国第一部钢轨制造技术的国家标准。

1911 年 10 月，辛亥革命爆发，李维格随盛宣怀出走日本。盛宣怀为维护其本人及故旧的利益(汉冶萍公司共有股份743.6万股，其中极大部分为盛宣怀及其故旧僚属所有)，决定与日本人合办汉冶萍公司。

1912年2月，李维格受盛宣怀的委派在日本神户与日本财团代表小田切会谈，签订了《中日合办汉冶萍公司》草约。草约一出，全国哗然，群起反对。汉冶萍公司股东会也以"《中日合办汉冶萍公司》草约有损国权、商业"予以否决。同年5月，汉冶萍公司股东会批准盛宣怀辞职请求，委任李维格、叶景葵为经理。

1913年5月，盛宣怀又被推选为汉冶萍公司董事长兼总经理，李维格受到董事会的责难，遂辞去经理职务，他的汉阳铁厂坐办(汉阳铁厂总办于1912年改称坐办)职务也由吴健接替。公司聘请他为高级顾问，并委派他参与筹建大冶铁厂的工作。

1913年6月，李维格到汉阳、大冶、萍乡等地考察，他分别与各厂、矿工程师商谈，筹划建厂方案。同时还到石灰窑镇以上地区(今黄石市区)、石灰窑镇以下袁家湖地区(今大冶钢厂厂区)、石灰窑镇车站(今黄石市上窑天桥处)等地考察，将三处地址作了比较，决定把新厂厂址设在石灰窑镇以下1公里处的袁家湖地区。8月，李维格向汉冶萍公司董事会呈报了《筹建汉冶萍厂矿事宜请折》，建议在大冶新厂中建两座日产250~300吨生铁的新式炼铁炉，并建议把厂址设在大冶县袁家湖地区。公司批准了他的建议。

1916年9月，公司委任李维格为大冶铁厂厂长，吴健为副厂长。

1927年6月，李维格辞去了大冶铁厂厂长职务，改任汉冶萍公司高级顾问，不久病逝，终年63岁。

李维格不仅是一位钢铁实业家，而且一生对教育情有独钟。他热心教育，提倡科学，多次捐资助学，如为南洋公学等教育机构捐款。李维格先生平时很节俭，生活并不富裕，晚年略有蓄积，在上海有居室数所，靠收取房租以自给。李维格还将上海四栋房产捐赠给东吴大学，并将其收益所得作为奖励自然科学之用，这是十分难能可贵的。

苏州大学的前身东吴大学旧址内，翰墨书香和西式建筑在这绿茵如盖、树影婆娑的校园中触手可及。位于“孙堂”偏南，并与“子实堂”遥遥相对，有一座四层的建筑，名为“维格堂”，“维格堂”坐西向东，于1931年至1932年间所建，它是为纪念李维格先生为东吴大学捐资助学而兴建的。

“维格堂”楼分四层，钢筋混凝土结构，外墙大部分用具有线条的暗红色砖块做面砖，只是底层用水泥本色。屋顶建有储水大水箱。整个楼房辟为大学部男生宿舍，以学生住宿费收入的一部分作为奖励科学研究之用。

“维格堂”向西面的一边，在南北两端均延伸出一大间，亦为四层。大楼底层除南北各两间的部位隔成小间外，其余部分均辟为较大的统间，约占底层面积之半，作为会客、交友之用。有时学生激增，亦曾权作膳厅以应急需。后来底层全部隔成小间，作为学生宿舍。大楼除向东正门外，南北均有通道。

“维格堂”培养了苏州大学几代学子，经过校方努力，原来的建筑已经面貌一新，但是“走进维格堂，别忘李维格！”的声音，还在校园中传颂着。

李维格为中国钢铁事业与教育事业的贡献，永远值得后人怀念。

八、北洋大学堂的奠基人之一丁家立

丁家立(Charles Daniel Tenney)，美籍著名教育家。1857年生于美国波士顿。他先后毕业于美国达特茅斯大学、德国柏林大学，并获神学硕士学位。1882年，他以传教士的身份进入中国，先在山西传教，1886年脱离他所属的美国公理会，改以学者身份到天津从事文化活动，并创办一所不带宗教色彩的“中西书院”。他以院长的身份为李鸿章的子孙和一些官员、商人讲授英文，借助这种途径与李鸿章、盛宣怀等洋务官员保持着密切的来往，后被美国政府任命为驻津副领事。1895年受盛宣怀之聘，任天津北洋西学学堂首任总教习。1906年，他辞去北洋大学堂总教习职务，1908 年离开天津。1908 年他被达特茅斯大学授予名誉法学博士。此后，曾任美国驻华公使馆汉务参赞。1921 年退休回美，并获中国政府二等嘉禾勋章。1923 年来华游历。1930 年，他在美国去世，享年 73 岁。

盛宣怀任天津海关道时，向丁家立请教办学之事，得到丁家立的赞同和鼎力相助。丁家立与盛宣怀一同细致地研讨办学章程、方法、实施计划等，勾画出北洋大学堂的创办蓝图并策划出具体实施步骤。1895 年他被盛宣怀聘请担任北洋大学堂第一任总教习，他以总教习的身份主持该校事务达 11 年之久，是北洋大学堂的奠基人之一。在北洋大学堂任职期间，他还兼任保定直隶高等学堂总教习、直隶全省西学督办等职。

1900 年，八国联军侵入天津，他一度兼任天津都统衙门汉文秘书，办理一切外交事务。八国联军占领天津期间，北洋大学堂被德军占领，校舍受损，丁家立旋赴柏林与德国政府交涉，获 5 万两海关银的赔偿金，即以此款修建北洋大学堂在西沽武库的新校舍。1903 年，北洋大学堂在西沽恢复办学，丁家立仍任总教习。

丁家立熟悉美国的高等教育，北洋大学堂创建即以美国哈佛、耶鲁等大学为蓝本。头等学堂设法律、矿务、工程和机械四大学科，学制为四年。二等学堂为预科，学制也为四年。学堂开设的课程与美国大学相近，所聘外国教员多为美、英学者。

丁家立是北洋大学堂初创时的实际掌校人，盛宣怀于 1896 年调离，后续学堂督办都由天津海关道兼任，他们大都不到学堂理事，实际学堂事务由总教习丁家立总理。丁家立总理校务，制定规章制度，厘定课程，聘请教员等，一心要将北洋大学堂建设成为当时中国新型大学的样板，正如盛宣怀奏章中所表示的初衷："设立头等二等学堂各一所，为继起者规式。"

北洋大学堂创建时设有工、法两大学科，属于综合性大学。在丁家立掌校期间于 1897 年增设铁路专科；1898 年附设铁路班；1903 年附设法文班、俄文班，培养专门翻译人才；1907 年开办师范科，培养师资。在他的努力下，北洋大学堂在初创时期，实已包括文、法、工、师范教育诸科，粗具综合性的新式大学雏形。

北洋大学堂是当时中国仅有的几所大学之一，由于当时中国的现代教育体系不完备，因此学堂生源十分困难。为了解决学堂生源问题，1902 年丁家立被袁世凯委任为保定直隶高等学堂的总教习，并将该学堂建为北洋大学堂的预备学堂。随后他兼任直隶全省西学督导，建立起由普通学堂、高等学堂到大学堂的教育系统，在河北省率先形成了完整的新的教育体系，为我国现代教育体制的建立做出了样板。

北洋大学堂创建之初就将毕业生出国留学作为一项主要内容，丁家立亲自兼任北洋大学堂“留美学堂监督”，多次带领毕业生赴美留学。

1900 年英法等八国联军入侵京津，北洋大学堂先被美军所占，后成为德军兵营，学堂被迫停办。1903 年 4 月 27 日北洋大学堂在西沽新校舍正式复课。经过丁家立的努力，到 1908 年他离开天津时北洋大学堂的校园环境、校舍建筑、图书资料、仪器设备乃至师资队伍、教学水平、学生质量在全国首屈一指。

丁家立担任北洋大学堂总教习长达 11 年，他对学堂的创立和建设做出了贡献，也为中国近代高等教育的发展树立了典范。丁家立在创建北洋大学堂时，也许意识到了大学建立所带来的巨大影响；也许他对此并无意识，只是尽一位教育家的职责或良知，以帮助中国建立起一所西式大学为幸事。他为北洋大学堂的建立投入了全部的心血和智慧，赢得了师生的尊敬和爱戴。1906 年 4 月，当他离开北洋大学堂时，北洋大学堂全体学生作《送丁公家立序》，表达对其敬仰之情：“自近世祸作，众咸知国家靡学不兴。于是则创学堂，谋教育，举国啸啸，有若发狂。迄于今智者窥神州之学程，谓佥莫燕赵若，燕赵丁公所任也。夫庚子之乱，直隶当其冲，浩劫洪灾，生民昏垫。以常理衡之，则学务逊于他州，势所必至也。乃不数年间，死灰复燃，且炎炎然。枯骨在肉，且艳艳然。靡不逊已也，而实驾而上之，挢闻者之舌，而瞠见者之目，丁公之功，不其伟矣。”①

九、南洋公学的第一任校长何嗣焜

何嗣焜(1843—1901)，字梅生(眉孙、枚生)，江苏省武进人。何嗣焜编著有《存悔斋文稿》，享有“闳深邃密，体用兼赅，淹贯古今各国源流，有过时之略，而不囿于晚近”的美誉。

何嗣焜少年时期正值太平天国定都南京，江南地区战事纷起，他避战乱奔涉于苏常、南通等地，仍不废读书。17岁时，为乡人作高小山先生小传。19岁随家避兵南通时，与诗人范当世(著有《范伯子诗集》)结交为友。20岁后以县学生身份从军李鸿章部，后以文牍显才，被张树声邀之入幕。随张树声左右任职于南北20余年，参与一切军政大事，“渐见倚重，推心置腹，军政外交之重要者，咨而后行”。他在35岁时，在军中与小他10岁的南通张謇相识为友，结谊20余年。

1884年11月，张树声在广州病逝后，何嗣焜谢绝张之洞邀请，决意回乡读书、著作。在家乡他谢绝多位封疆大臣的聘请决意不再出山。1886年李鸿章委请张蔼卿面请、刘铭传直接致函邀请他出山，何嗣焜均婉言谢绝。刘铭传在奏请调何嗣焜时对何嗣焜“学识优良，讲求品节”的评价，确如其人，十分正确。

1886年9月何嗣焜之子何顺原出生，中年得子给何嗣焜带来很大欢乐。然而当1887年8月黄河郑州决口后，“河南巡抚倪文蔚奏调公(嗣焜)赴汴。先使人致意，谓某不足屈公，公能为数百万灾民一出乎。”何嗣焜不顾身有妻儿，弃悠悠乡居生活，“遂慨然赴开封，与文蔚约，不治案牍，先赴河工上下游，相度形势要求，以后常驻决口处参加实际工作。文蔚悉允之”。

① 以上参见王玉国：《丁家立与北洋大学堂》，《天津大学学报(社会科学版)》2003年第1期。

1888年12月，“河工事竣，公仍归里”。1889年倪文蔚奏请朝廷授何嗣焜三品盐运使衔、候补知府、诰授通议大夫。何嗣焜时年46岁。

他在乡期间，封疆大臣如奎俊、裕禄等殷勤过问思招之，何嗣焜淡于荣进悉不就。1894年盛宣怀奉命督办铁路，偕王文韶张之洞奏调何嗣焜充参军，何未允成行。

清光绪二十二年(1896年)，同乡盛宣怀为创办南洋公学，乃亲至其家中，讲明培养人才的重要意义，邀请他出任主持办学。他才慨然就任公学第一任总理(即校长)。他一面在上海徐家汇购地、建房，一面先借民房招生，主持了公学第一期师范班(中国第一个新学师范班)的开学工作。

南洋公学创办初期经费依靠商捐，何嗣焜在筹建南洋公学任总理时曾捐出钱款以建校，并曾不领取薪金(月薪100两白银)。

何嗣焜在南洋公学、铁路总公司任职，经管经费巨大，却能持身行己，恪尽职守，不谋私利，是一位讲求品节的官员。1895年12月，何嗣焜等上两江总督张之洞禀，为常州龙城书院、延陵书院复办一事，在场地、教材、师资、经费等多方面进行规划、筹划。常州龙城书院即今局前街小学。何嗣焜还支持经元善并与经元善、赵凤昌等一起具名呈请在沪开办女子学堂。

在他主持南洋公学的4年多时间中，先后招收各类学生300多名，派出留学生10余名。经过他几年的经营，南洋公学粗具规模。清光绪二十七年(1901年)4月19日他病逝于工作台上。

何嗣焜的办学功绩深得学生尊重。1917年上海交通大学学生制作重约30公斤的何嗣焜铜像，并立纪念碑，纪念碑碑文由张謇所写。何嗣焜铜像现存于上海交大博物馆内。

十、为南洋公学做出重大贡献的福开森

福开森(John Calvin Ferguson)，1866年出生于加拿大安大略省，父

亲为教会牧师。福开森出生不久后，便举家迁往美国定居。1886 年，20 岁的福开森从波士顿大学毕业，获文学学士学位。当时美国基督教新教兴起了所谓的“社会福音”的自由主义神学主张，即鼓励向世界各地传扬改造社会的福音，福开森正是受此感召来到中国。从 1886 年新婚不久的福开森夫妇不远万里来到中国，到 1943 年被日本遣返回美国，福开森前后在中国生活了 57 年之久。其间他以传教士、教育家、新闻出版商、慈善家及文物收藏家等身份跻身于上流社会，与清朝、北洋及国民政府的政要过从甚密，多次担任政治顾问。他在中国的传奇经历使得他被收入《影响中国历史的一百个洋人》一书。

1886 年福开森来华，先在镇江学习华语，1887 年到南京，在估衣廊居所办校开课。1888 年，美国在南京创办汇文书院，福开森受傅罗(Flower)之邀出任院长。福开森担任汇文书院院长长达 9 年，他对该院的创立和发展贡献颇多。汇文书院是南京第一所高等学府，也是中国最早的大学之一。汇文书院第一幢建筑为一座三层楼洋房，又称钟楼，由福开森亲自设计建造，因当时楼房尚属罕见，所以时人称之为“三层楼洋行”。之后，书院又陆续新建了礼拜堂、青年会堂、教室、宿舍等。汇文书院为后来的金陵大学奠定了基础。书院的办学宗旨是“教授高级科学课程，以便在中国知识界获得一席之地”。汇文书院教师主要来自美国，书院设博物院、医学馆、圣道馆，并设附属中学；后于 1910 年与宏育书院合并为金陵大学。

1896 年，盛宣怀在上海创建南洋公学，福开森受聘出任监院之职，参与创建工作；翌年辞汇文书院院长之职，出任南洋公学监院，直至 1902 年。

从 1897 年到 1902 年，福开森担任南洋公学监院有 5 年之久。南洋公学创办不久即在国内拥有良好声誉，这与福开森的努力和贡献是分不开的。因福开森在公学任教做出重大贡献，盛宣怀给福开森授予二等“宝星奖”。①

---

① 参见盛懿、孙萍、欧七斤：《三个世纪的跨越——从南洋公学到上海交通大学》，上海交通大学出版社 2006 年版，第 157 页。

福开森先后在上海办《新闻报》《英文时报》《亚洲文荟》。福开森离开汇文书院后，一直与金陵大学保持密切联系并担任校董会的董事。

福开森在华 57 年，对中国社会颇具影响，对中西文化交流卓有贡献。福开森对中国文化兴趣浓烈，能说一口极流利的南京话，特别热衷鉴别与收藏中国古董字画。后居北京，专门研究中国文化，且著书立说，专论中国艺术品和古代文物，一生收藏许多中国文物珍品。1934 年，年近古稀的福开森接纳了时任金陵大学校长陈裕光的建议，本着“得之于华，公之于华”的心态，将自己数十年收藏的上千件中国文物捐赠给自己创办的金陵大学。在这批捐赠的文物中，其中最重要的文物有：(一)殷墟甲骨。这是福开森得自刘鹗的藏品。刘鹗是甲骨的收藏和研究大家，著有《铁云藏龟》。福开森捐赠的殷墟甲骨还曾得到金陵大学商承祚教授的研究，并著有《福氏所藏甲骨文字》一书。(二)南唐画家王齐翰的《挑耳图》，又名《勘书图》。画上盖有南唐后主李煜的“建业文房之印”，并有宋徽宗赵佶的题字。画后还有北宋文学家和书画家苏东坡、苏子由兄弟和王晋卿等人题跋，为当代画卷绝品。清末由两江总督端方收藏，1911 年端方在辛亥革命中为起义新军所杀后，画作辗转流入福开森之手。(三)王羲之《大观帖》。此帖为北宋大观年间，以内府所藏王羲之真迹摩勒上石后的原拓本。此石刻毁于宋金战乱，故原拓本流传极少。后经清代金石学家翁方纲长期揣摩考证、清末状元张謇等题跋，其成为传世碑帖中的精品。(四)小克鼎。此为福开森捐赠品中最为珍贵的一件西周青铜器。克鼎原为一套，计有大鼎 1 件、小鼎 7 件，是西周孝王时期的青铜礼器，因其规格上的差别，便分别被称作“大克鼎”和“小克鼎”。大克鼎与其中一件小克鼎现藏于上海博物馆，为该馆的镇馆之宝。而藏于南京大学的这件小克鼎，带有铭文 70 余字，有着极高的研究价值，堪称南大博物馆中最具分量的一件西周青铜器。(五)周尺。1933 年洛阳金村周墓中曾出土一铜尺，被福开森购得。据福开森描述：“其形如西域所出之木简，一端有孔，可以系组，分寸刻于其侧，惟第一寸有分，其余寸无之，当五寸之处，并刻交午线。”福开森捐赠大批文物这一善举得到舆论媒体和社会政府的一致好评。当时的《大公报》对此事更是作了全程的大篇幅报道，并给予高度评价。然而，由于接收方金陵大学不具备保管条件，所以福开森与北平古物陈列所协商，由其先行代为保管，并公开展览。

1949 年 10 月中华人民共和国成立后，福开森捐赠的这批文物才得由金陵大学图书馆馆长李小缘一行人清点后收藏于金陵大学。1952 年金陵大学和南京大学合并，这批文物便收藏、陈列于南京大学考古与艺术博物馆。可惜的是，这批文物一直没有对外开放。直到 2002 年南京大学百年校庆之时，这批文物才公开展出，受到中外学者的高度关注。①

十一、南洋公学译书院的首任主任张元济

张元济(1867—1959)，字筱斋，号菊生，浙江海盐人，著名出版家。清末进士，入翰林院任庶吉士，后在总理事务衙门任章京。1901 年以“辅助教育为己任”，投资商务印书馆，并主持该馆编译工作。1903 年任该馆编译所长。1916 年任经理，1920 年至 1925 年改任监理。1926 年任董事长。新中国成立后，担任上海文史馆馆长，继任商务印书馆董事长。其对中国文化、出版、藏书事业贡献极大。1904 年商务版《最新初等小学国文教科书》出版，被全国各地的学堂广泛采用，其后他组织编写了从小学、中学到大学的全套教科书，还组织翻译出版大批外国学术和文学名著，同时出版发行《东方杂志》《小说月报》《教育杂志》等刊物。主持商务印书馆期间他大力搜求古今图书，所积达 10 余万册之多。1924 年筹建“东方图书馆”，1926 年对外开放。1929 年增设儿童图书馆，惜于 1932 年“一・二八”事变被日寇炸毁。仅有 500 部精

① 以上参见《福开森与中国文化》,《南京大学学报》2012 年 11 月 20 日。

品移出得以留存。他唯恐此书散佚，对这些书予以著录。1949 年后，他请顾廷龙帮助整理付印，名《涵芬楼烬余书录》，并将这批书献给人民政府，现藏北京图书馆。

张元济出任译书院主任之后，大量购买日本与西方国家新出版的书籍，并且聘用了一批"中外博通之士"担任翻译。据统计，从译书院成立到停办，约四年时间，共翻译出版 13 种 40 余部书。仅《原富》一部书就有 22 册。译书院所出版的书在当时风行一时，对社会的思想冲击不小，为中外文化与教育交流做出了贡献，对民主思想的传播也起到了积极的作用。南洋公学因之成为世纪之交社会大变动格局下，引领新思想、新文化的重镇。①

十二、中国近代工科教育的先驱唐文治

唐文治(1865—1954)，字颖侯，号蔚芝，清同治四年(1865 年)十月十六日生于江苏太仓，上海交通大学第十一任校长、著名教育家、工学先驱、国学大师。

光绪十八年(1892 年)中进士，官至清农工商部左侍郎兼署理尚书。后退出政坛，潜心从事教育事业。先后任南洋公学及邮传部高等商船学堂(大连海事大学、上海海事大学前身)督办(校长)，创办私立无锡中学(无锡市第三高级中学前身)及无锡国专(苏州大学前身)。

1954 年 4 月在上海病逝，终年 90 岁。著作有《茹经堂文集》《十三经提纲》《国文经纬贯通大义》《茹经先生自订年谱》等。

1907 年 9 月，唐文治走马上任南洋公学(此时学校已更名为上海高等实业学堂)时，因前任督办久不到校，经费拮据，"颇形废弛"，真可谓受任于危难之际。唐文治上任伊始，就对学校的专业设置、教学情况作了全面的考察，对 1905 年已提出的将南洋公学改为实业学校的设想

---

① 夏东元:《盛宣怀传》，四川人民出版社 1988 年版，第 284~287 页。

表示赞同，形成了学校办学方向和学校性质向工程高等学校转移的观点。唐文治认为“轮、路、电、邮四科，为本部(指邮传部)所统辖，路政利商便民，尤为实业之基础，近来日益发达”，而原来的铁道工程班“规制简略，必须大加扩充”，此为“当务之急”。在唐文治出任学校督办的短短三年时间里，陆续增设了铁路、电机、航海三个专科，充分显示出唐文治雷厉风行的工作作风和高效率的办学实绩，尤其是唐文治为了解决经费短缺和生源不足的办学瓶颈问题，提出了切实可行的解决办法。

唐文治1907年至1920年担任校长期间，主张“尚实”，强调道德培养，以塑造“第一等人才”为己任，广揽名师，首创工科，厚植基础，严谨治校。同时，唐文治提倡国文教育，砥砺学生品行，成就卓著，人才辈出，为上海交大建成全国著名大学奠定了坚实的基础，为我国近代工科教育的创建与发展做出了诸多开创性的贡献。

在唐文治身上，有着一个传统中国文人的情结和一个为国效力的先进的知识分子的精神。唐文治办学首先强调的是国家意识，这是上海交大多年来没有变过的一个传统，学校的命运与国家的需要和发展紧密相连，并变为自觉的意识，成为交大师生共同的价值追求。其次就是尚实的精神，即对“实学”和“实业”的推崇，唐文治为交大拟定的校歌中有两句歌词：“实心实力求实学，实心实力务实业”可谓概括得最为精到、传神，而交大此后的发展，无论是学科的设置，还是老师的教学和学生的就业与出路，乃至以后交大的许多举措，也都自觉不自觉地在围绕着这一中心理念展开。这种偏重“实学”，偏重“实业”的做法，深深地影响了交大的校风，而其所培养的学生也大都选择了工科等“实学”，并以供职于实业部门为职业理想。

唐文治在任期间，他广延良师，严谨治校，首设工科，厚植基础，极重学生人格之养成，奠定了学校百多年之基业，立下了交大不绝之精神，厥功甚伟，乃有“国学大师，工科先驱”之盛誉。

十三、中国近代图书馆的鼻祖缪荃孙

缪荃孙(1844—1919)，字炎之，又字筱珊，晚号艺风老人，江苏江阴申港镇缪家村人。中国近代藏书家、校勘家、教育家、目录学家、史学家、方志学家、金石家。我国文化教育科技界尊称他为中国近代图书馆的鼻祖。

清光绪年间进士。缪荃孙幼承家学，11 岁修毕五经。17 岁时太平军进军江阴，侍继母避兵淮安，丽正书院肄业，习文字学、训诂学和音韵学。21 岁举家迁居成都，习文史，考订文字。24 岁应四川乡试中举。1876 年 32 岁时中进士，授翰林院编修。此后编撰校勘十余年。

缪荃孙 1888 年任南菁书院山长。1891 年掌泺源书院。1894 年任南京钟山书院山长，兼掌常州龙城书院。1901 年任江楚编译局总纂。1902 年，钟山书院改为江南高等学堂，其任学堂监督。癸卯新学制实施后，废古江宁府学，两江总督拟在江宁“先办一大师范学堂，以为学务全局之纲领”，1902 年 5 月他被聘出任学堂总稽查，负责筹建江南最高学府三江师范学堂，并与徐乃昌、柳诒徵等七教席赴东洋考察学务，学堂遂仿日本东京大学样式，在南京国子监旧址筑校，为南京大学近代校史之开端。1907 年受聘筹建江南图书馆(今南京图书馆)，出任总办。1909 年受聘创办北京京师图书馆(今中国国家图书馆)，任正监督。1914 年任清史总纂。1919 年 12 月 22 日在上海去世。

缪荃孙自编有《艺风堂藏书记》《续记》《再续记》，辑校过明徐勃(字惟起，明代藏书家)《红雨楼题跋》、清钱曾《读书敏求记》、黄丕烈《尧圃藏书题识》，并为江南图书馆和京师图书馆编制书目，自己辑刻有《云自在龛丛书》《对雨楼丛书》《藕香零拾》《烟画东堂小品》等。

盛宣怀晚年曾对家人与友人说道：“吾祖吾父以科第起家。吾少壮时锐欲继绳，而卒屡踬于秋驾。家有治谱，常以理繁治剧自许，而未尝假手一州一邑为亲民之官。保使才，办洋务，日与友邦人士相周旋，而足迹未履欧美一步，此则生平三憾事也。”自己青年时代没有取得功名，他认为是三件憾事之一。为了有所弥补，盛宣怀一生雅好书翰，有志著述。父亲盛康早年得嘉定严永思撰《资治通鉴补》，系咸丰初江夏童氏排印本。后因病未完成校勘，乃要求他详加勘正，卒成善帙。后又编辑《皇朝经世文续编》《林、胡、曾三公奏议》等著述，皆镌版行世。

盛宣怀对缪荃孙这位家乡人十分尊重，很欣赏他的为人与学识。他接受缪荃孙的提议，搜辑《常州先哲遗书》前后集，中多罕见之本，校刻精审。《常州先哲遗书》是一部“地方性丛书”，由盛宣怀出资主编，缪荃孙被聘为《常州先哲遗书》的实际主编。该丛书是把多种单独的著作汇集起来，给它冠以一个总的名称的一套书。

《常州先哲遗书》刻本在一定程度上就是善本和精品的代名词，具有极高的艺术价值和审美价值。

参考书目

1. 盛同颐等：《杏荪公行述》，《龙溪盛氏宗谱·附录五》，2011年修订。
2. 夏东元：《盛宣怀传》，四川人民出版社1988年版。
3. 常州市地方志办公室：《常州史稿》古代卷，凤凰出版社2018年版。
4. 刘绪义：《历史给谁来酿酒》，当代中国出版社2007年版。
5. 陈旭麓等主编：《湖北开采煤铁总局荆门矿务总局》，上海人民出版社1981年版。
6. 胡政：《招商局珍档》，中国社会科学出版社2009年版。
7. 招商局史研究会：《招商局与近代中国研究》，中国社会科学出版社2005年版。
8. 吕际云：《轮船招商局对清末航海人才培养的考证》，《兰台世界》2013年12月。
9. 李翊：《官商矛盾中的盛宣怀》，《三联生活周刊》2017年12月28日。
10. 史春林：《轮船招商局与中国近代航海教育》，《交通高教研究》2004年第5期。
11. 易惠莉：《中国第一代实业家盛宣怀》，《江苏文史资料》1994年10月。
12. 易惠莉：《盛宣怀评传》(上)，江苏人民出版社2012年版。
13. 易惠莉：《盛宣怀与日本——晚清中日关系之多面相》，上海书店出版社 2014 年版。
14. 邱永文：《盛宣怀与中国近代铁路事业的发展》，第二届汉冶萍国际学术研讨会论文集。
15. 邵建：《郑观应与盛宣怀关系研究》，《广东社会科学》2014 年第 2 期。
16. 王宗光：《盛宣怀与南洋公学新论（上）》，《上海交大报》2010 年 5 月 23 日。
17. 王宗光：《盛宣怀与南洋公学新论（下）》，《上海交大报》2010 年 5 月 24 日。
18. 王杰：《北洋大学堂与中国近代高等教育的缘起》，《高教探索》2008 年第 6 期。
19. 王玉国：《丁家立与北洋大学堂》，《天津大学学报（社会科学版）》2003 年第 1 期。
20. 贾箭鸣：《百年淬厉电光开——西安交大的历史脉络与文化传承》，西安交通大学出版社 2014 年版。
21. 康雨晴、史瑞琼：《南洋公学和它的两份章程》，《中国科学报》2019 年 4 月 3 日。
22. 《交通大学校史》编写组：《交通大学校史资料选编》，西安交通大学出版社 1986 年版。
23. 盛懿、孙萍、欧七斤：《三个世纪的跨越——从南洋公学到上海交通大学》，上海交通大学出版社 2006 年版。
24. 朱荫贵：《论招商局》，社会科学文献出版社 2012 年版。
25. 韩晶：《晚清中国电报局研究》，2010 年上海师范大学博士论文。
26. 《交通大学校史》编写组：《交通大学校史》，上海教育出版社 1986 年版。
27. 吕成冬：《从盛宣怀档案中盛宣怀与唐文治信函看盛唐关系（1907—1914）》，《常州工学院学报（社科版）》2010 年第 6 期。
28. 兰日旭：《盛宣怀与中国通商银行的均衡用人之策》，《中国保险》

2011 年第 18 期。
29. 郑润培、李航：《郑观应与汉阳铁厂的营运》，第二届汉冶萍国际学术研讨会论文集。
30. 方一兵：《汉冶萍公司与中国近代钢铁技术移植》，科学出版社 2011 年版。
31. 宓汝成：《中国近代铁路史资料：1863—1911》，中华书局 1984 年版。
32. 段海龙：《晚清铁路教育与京绥铁路建设》，《科学》2015 年第 5 期。
33. 赵平：《创办近代中国铁路高等学堂的实践评析》，《西南交通大学学报》（社会科学版）2014 年 5 月。
34. 盛承懋：《盛氏家族 · 苏州 · 留园》，文汇出版社 2016 年版。
35. 盛承懋：《盛宣怀与“中国的十一个第一”》，西安交通大学出版社 2016 年版。
36. 盛承懋：《盛宣怀与湖北》，武汉大学出版社 2017 年版。
37. 盛承懋：《中国近代实业家盛宣怀——办实业走遍天下》，天津大学出版社 2018 年版。
38. 盛承懋：《盛宣怀与晚清招商局和电报局》，社会科学文献出版社 2018 年版。
39. 盛承懋：《盛宣怀与汉冶萍》，武汉大学出版社 2018 年版。
40. 黄永泰、郭镇武、卢鸿兴：《盛宣怀与南洋公学史料汇编》，（台湾）交通大学出版社 2017 年版。

后记

1965年8月，我从北京师范大学数学系毕业，组织上将我分配至中央教育部中央教育科学研究所工作，为实习研究员。

“文化大革命”中，1967年上半年各个高校纷纷在校院里建造毛泽东主席塑像，当时教育部、高教部各司局的大部分工作已经瘫痪了，但是有的司局的部分工作还在运转着。例如，高教部直属高校的毛主席塑像的建造项目及其项目费用，还得必须经计划司基建处审批，并拨付项目经费的。就这样，有一天负责群众组织的张玉璧同志及另外两位同志告诉我，他们要去天津大学审查毛主席塑像建造项目的情况，问我愿不愿意一同去，我很高兴地答应了。

因为从小就听父亲说过曾祖父盛宣怀曾在天津做过海关道，而且天津大学的前身北洋大学堂就是他创办的，现在天津大学要在校园里建造毛主席塑像，当然是一件好事。我有机会一起去天津大学参观，也是难得的机会。

临去的那天，高教部司机班派出了一辆吉普车。我在车上才得知张玉璧同志就是天津大学建筑系毕业的，科班出身。到达天津之后，车直接开进了天津大学校园，在学校有关人员的陪同下，我们走到天津大学校址的中心部位，张玉璧等几位懂行的同志，向学校的工作人员询问了各种问题，并实地考察了塑像的选址与周边的建筑、设施的距离、方位，讨论了塑像建成之后校园中心部位的环境，对人流集中或疏散可能带来的问题等。

经过考察，张玉璧等同志基本认可了校方提出的项目方案，我尽管不懂行，但是对天津大学的校园也了解了大概，这也是我第一次踏进天津大学的校门，内心感到很亲近。我后来知道，那儿的毛主席塑像与其他高校的塑像一样，建造得很快、很雄伟。

“文化大革命”中期，我下放到安徽凤阳教育部五七干校劳动，后又调入安徽师范大学任教。小平同志主持教育工作之后，1978 年初，我又被调入人民教育出版社大学编辑部(当时高等教育出版社还没有恢复)数学编辑室工作，当时数学编辑室一共 11 位编辑，我主要负责概率论与数理统计方向教材与教学参考书的编辑工作。

根据 1977 年高等学校工科数学教材编写会议上确定的教材编写书目和各书目的编写大纲，人教社大学编辑部数学编辑室决定组织高等学校的师资力量，尽快编写出版一套高等工科学校试用教材——工程数学，以解燃眉之急。全书共 7 本，包括《算法语言 · 计算方法》(华中工学院编)、《线性代数》(上海交通大学编)、《概率论与数理统计》(浙江大学编)、《数学物理方程与特殊函数》(南京工学院编)、《矢量分析与场论》(重庆大学编)、《积分变换》(南京工学院编)、《复变函数》(西安交通大学编)。其中《算法语言 · 计算方法》和《概率论与数理统计》两本书的审稿会与编辑加工由我负责。

1978 年 6 月，由华中工学院数学教研室林化夷、软件教研室王能超编写的工程数学《算法语言 · 计算方法》在上海交通大学举行审稿会。按照当时审稿会的要求，由上海教育局派出一位干部担任审稿会的组长，人教社确定由我担任副组长，我具体负责审稿与编辑的事宜。该书的第一篇“算法语言”由北京工业大学曹德和主审，第二篇“计算方法”由上海交通大学孙增光教授主审。一本 17 万字的工程数学，一下子邀请了上海交通大学、西安交通大学、清华大学、北京工业大学、北京邮电学院、南京航空学院、上海科技大学等 7 所学校近 20 位审稿人员，其中不乏国内知名教授，如上海交通大学，清华大学的二级、三级教授，西安交通大学的游兆永、北京工业大学的曹德和等中年知名学者。

该书的第一篇是林化夷先生根据当时国内广泛流行的程序设计语言

ALGOL 来编写的，由于我原先对算法语言 ALGOL 不大了解，在接受编辑任务后就开始自学，同时向有关人员学习，在审稿会议期间为了顺利完成教材的编辑加工，我白天反复向林化夷、曹德和等老师请教，夜间则加班加点，通宵达旦，终于在会议期间完成了这一篇的编辑加工任务。1978 年 8 月出版的该书，应该可以算是人民教育出版社最早出版的算法语言的书了。

1978 年 6 月，在上海交通大学审定工程数学《算法语言·计算方法》教材

参加审稿的作者与专家合影

该书的第二篇“计算方法”是王能超老师编写的，王老师是复旦大学苏步青教授的研究生，毕业后分配至华中工学院任教。第二篇的内容包括：算法与误差、方程求根、函数插值、数值积分、常微分方程的数值解法、线性方程组的解法等。审稿会上与会教授、专家对书稿提出了许多中肯的意见，特别是西安交通大学的游兆永先生还亲自为该书赶写了一份材料。

这是我一生第一次踏进上海交通大学校门，能在曾祖父盛宣怀当年所创办的学校，主持一次教材审稿会，也是感到十分荣幸的了。

1986 年，我收到上海交通大学校方的正式邀请，与我的母亲、兄弟姐妹，以及盛氏家族的众多亲戚一起参加了上海交通大学 90 周年校庆与交大创始人盛宣怀铜像的揭幕仪式。改革开放之后，首先是我在日本东京的叔叔盛毓度等，以他在日本成功开创事业的成绩，以及在恢复中日邦交过程中所起的点滴贡献，受到周恩来总理的肯定。就在他 1986 年回国的当口，他还作为中日之间的民间大使，受当时日本首相中曾根之托，给中国政府捎回口信，受到国务院副总理谷牧的接见。与此同时，叔叔盛毓度开始热心于资助国内教育事业的发展，在上海交通大学设置了“留园奖学金”，向交大赠送了教学设施等，受到交大师生的欢迎。国内对于历史人物的评价也开始出现了新的动向。华东师范大学教授夏东元，他作为研究晚清“洋务运动”的历史学家，客观地评价了盛宣怀在历史上的贡献，提出了盛宣怀有“中国历史上的十一个第一”的说法，进一步转变了人们以往对清末那一段历史的认识。1986 年 6 月 8 日，上海交通大学 90 周年庆典，叔叔作为交大创始人后裔的代表，被邀请登上主席台，他穿着一身长衫马褂，坐在当时上海市委书记江泽民与交大校长翁史烈的边上，我们与盛家亲戚一起也参加了曾祖父铜像的揭幕仪式。曾祖父铜像的揭幕，无疑吹散了笼罩在我头上的一大片阴云。与此同时，我拜访了华东师范大学教授夏东元先生，双方交谈甚欢，使我对曾祖父盛宣怀在历史上的贡献有了进一步的了解与认识，也使我第一次真正感受到作为盛宣怀后人的荣光。应该说，这增强了我在人生路上前行的信心。

之后，我先后多次到天津大学、西安交通大学、上海交通大学参加专业的学术活动。

2002 年 7 月，我与东南大学成虎教授，应台湾两所大学的邀请，赴两校交流、讲学。其间，台湾交通大学得知我是盛宣怀的长房曾孙，特意邀请我们到学校参观访问，并特意宴请了我们。

2002 年 7 月，应邀赴台湾讲学，并访问台湾交通大学

2016 年 4 月 6 日，我应西安交通大学校长王树国教授发出的邀请，参加了学校在校园主楼东侧交通大学创始人盛宣怀塑像的揭幕仪式，并参加西安交通大学建校 120 周年暨迁校 60 周年校庆活动。当年，我撰写的《盛宣怀与“中国的十一个第一”》一书，得到学校领导的关心，在

西安交通大学出版社正式出版。

2016 年 4 月 6 日，在西安交通大学盛宣怀铜像揭幕仪式上讲话

2018 年 9 月 28 日，我撰写的《中国近代实业家盛宣怀——办实业走遍天下》一书，受到天津大学学校领导的关心与支持，在天津大学出版社正式出版，天津大学党委书记李家俊教授专门为该书作了序。我与夫人陈秀应天津大学宣怀学院院长施亮星教授的邀请，赴天津大学北洋大讲堂演讲并出席新书发布会，李家俊书记在百忙中会见了我们。

2018 年 9 月，应邀在天津大学讲学，并出席新书发布会

与夫人陈秀参观天津大学图书馆

在参与的这些活动中，我亲身感受到创建已一百二十多年的天津大学、上海交通大学、西安交通大学，它们办学的严谨与扎实，它们教学与科研的活力，我为它们所取得的辉煌业绩而欢呼！

盛承懋

2021. 2. 1